昭和こども
ゴールデン映画劇場

初見健一

はじめに

自分が子ども時代に親しんだ数々のモノ、主に七〇年代のオモチャやら駄菓子、文具などをネタにして、あの時代の「感じ」を文章で再現してみる……というのが、僕が普段やっている主な仕事です。二〇一七年に出した『昭和こども図書館』という本では、僕ら世代が夢中になった児童書をテーマにして、僕らが子どもとして過ごした高度成長期以降の昭和の時代を語ってみました。その第二弾として、今度は映画をテーマにしてやってみようと企画されたのが本書です。僕が映画を観《み》はじめるようになった小学生時代、七〇年代のなかばあたりから、ちょうど昭和が終わるころ、一九八九年ごろまでの作品について語りつつ、当時の子どもたち、若者たちのまわりに漂う「感じ」を思いだしてみました。

子どもがオモチャや駄菓子を語るように、「あのころ」の映画について、できるだけ「あのころ」の気分のまま、好き勝手なコトを脈絡なく語っただけの本なので、もし万が一、あなたが「シネフィル」を自認するような人なのだとしたら、うっかり手に取ってしまった本書を、どうかそっと本屋さんの棚に戻してください。

中学生になったばかりのころ、友人たちと映画を観て、その後でちょっと背伸びした気分で駅前の喫茶店に入り、みんなで観たばかりの映画についてアホな感想をウダウダと語り合う。……そんな気分で読んでいただければと思います。

昭和こどもゴールデン映画劇場 目次

~小学生時代

中学生時代

高校生時代～

※本書に記載される映画のタイトル後に入る年代は、一部を除いて「日本公開年」です。日本未公開作品については製作年を記載しています。

※本書は原則として著者が観た年齢を基準にした順番で作品を紹介しています。テレビ放映や名画座での上映もありますので、「日本公開年」順にはなっていません。

※本書に掲載されるDVDについては、執筆時の段階までに著者が観ているバージョンをセレクトしています。絶版になっているもの、後に新バージョンが再発されたものなども含まれています。

「揺れる光」の記憶
真夏の夜の野外映画鑑賞会

生まれて初めて観《み》た映画の記憶は、ことによったら夢かもしれないと感じるほどおぼろげになってしまっているが、確か四、五歳くらいのころだったと思う。蒸し暑い夏の夜、僕らが暮らす渋谷区恵比寿山下町商店街の主催で、「子ども野外映画鑑賞会」が開催された。

会場は近所の渋谷川沿いの公園。上映された作品の記憶ははっきりしないが、確かに覚えているのは『マグマ大使』。ほかに『ポパイ』だか『バックスバニー』だか、外国の短いアニメをいくつか観たような記憶もある。

どの作品も何度もテレビで再放送されているひと昔前のもので、集まった子どもたちは「なぁ～んだ、つまんないの!」と、一様にシラケてしまった。最初のうちは立ち見席にちゃんと並んでいたが、すぐに飽きてしまい、勝手にあちこちに散らばって遊びはじめ、しまいには誰ひとりスクリーンに注目しなくなった。

夏の夜の川沿いの公園は藪《やぶ》蚊だらけだ。ブンブンとうるさくつきまとうそいつらを手で払いながら、僕は退屈しのぎにスクリーンの前をウロウロ歩きまわっていた。そのうちにふと思いついて、スクリーンの裏側にまわってみた。裏は真っ暗闇。誰もいない公園の夜の暗がりが広がっているだけだ。表側に戻ってみると、こちら側では『マグマ大使』の大活躍が展開されていて、光と色と音があふれている。僕はなぜかギョッとしてしまった。その状況が当時の僕には理解できなかったのだ。

「どうなってんだ、これ？」と思い、試しに光の側と闇の側の境界線上に立って、スクリーンを真横の方向から眺めてみた。細いロープで木に吊《つる》しただけのスクリーンは、微風が吹くとふわりと揺れる。揺れるたびに、映像を映しだす表側と、影になった裏側が波打つように入れかわる。ひどく不気味で不安な光景だった。見てはいけない手品の種明かしを見てしまったような気分だ。まるでこの世界が実は闇に浮かぶ一枚の薄布に映しだされた幻影でしかなくて、それが今、儚《はかな》く風に揺れているかのような……。

いや、それは大人になった現在の僕の解釈で、あのときにそれほど大げさなことを考えたわけではないだろう。ただ直感的に「なんだか怖いな」と感じただけだったのだと思う。

そのうちに、ようやく理解した。映画というものは、テレビのように向こう側から光がやってくるのではなくて、光は僕らの背後からやってくる。僕らはその反射を眺めているのだ。

「ああ、そうなのか。映画って、影絵みたいなものなんだな……。」

それが映画というものを認識した最初の体験だった。

後で聞いた話によれば、この「子ども野外映画鑑賞会」は、商店街の有志による渾身《こんしん》の新企画だったらしい。夏の名物イベントとして末永く続けていくつもりだったそうだ。結局のところ、子どもたちからはまったく相手にされずに完全な大失敗に終わり、以後、僕らの街で「映画鑑賞会」が開催されることはなかった。

恐怖のジュリー・アンドリュース。

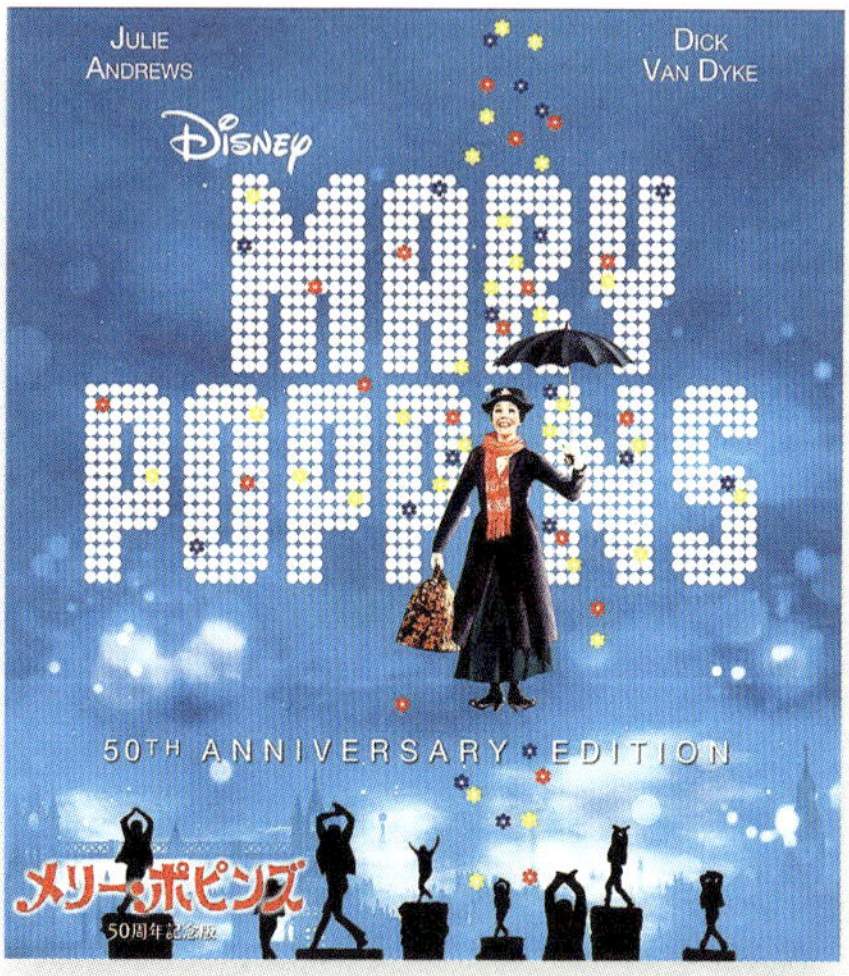

『メリー・ポピンズ』
Mary Poppins

（配給：ウォルト・ディズニー・スタジオ・モーション・ピクチャーズ／
ソフト販売：ウォルト・ディズニー・ジャパン）
1965年（米）／監督：ロバート・スティーヴンソンほか／
出演：ジュリー・アンドリュース、ディック・ヴァン・ダイク、
デヴィッド・トムリンソンほか

初めて映画館で観《み》た映画は『東映まんがまつり』、もしくは『東宝チャンピオンまつり』だった……という人が僕らの世代には多いが、我が家は「そういうものはダメ！」という方針だった。「そういうもの」というのは、つまり「テレビでやってるようなマンガや怪獣もの」といっ

た意味で、特に母親が「子どもにはちゃんとした映画を！」という主義、というか「気負い」の持ち主だったのである。

というわけで、僕が最初に映画館で観た作品は典型的な「ちゃんとした映画」だった。これに関する記憶はかなり鮮明に残っている。

上映記録を調べてみると、一九七四年の暮れか七五年の初頭のことだったようだ。僕が小学校の一年生、七歳のころだ。ある日曜日に母親から『チキ・チキ・バン・バン』（一九六八年）という映画を観にいこう」と誘われた。空を飛んだり海の上を走ったりする魔法の自動車のお話ということで、「おもしろそう！」とワクワクしながら出かけた。映画館は今はなき有楽町のニュー東宝シネマだったらしい。ところが、行ってみると『チキ・チキ・バン・バン』など上映されていない。映画館の前に掲げられていたのは、派手な衣装で踊る男女が描かれた『メリー・ポピンズ』の大きな看板だった。母親は「変ねぇ……」と首を傾《かし》げたが、「でも、これも魔法使いが出てくるおもしろいお話だから」と言うので、なんとなく納得がいかないままに、その『メリー・ポピンズ』という映画を観たのだ。

この初めての映画鑑賞が、僕にとっては一種のトラウマ的体験となった。より正確に言うと、『メリー・ポピンズ』鑑賞からほどなくして、二本めの「ちゃんとした映画」として『サウンド・オブ・ミュージック』（六五年）を観た、というか観せられたのだが、この二本の作品によって「映画とは苦行である！」ということを思い知らされたのである。

両作品とも、七歳の僕には完全に意味不明だった。極度に階層化された二〇世紀初頭のイギリスを舞台に、厳格な銀行家の父親と表面的にリベラルぶって女性運動にウツツを抜かしていた母親が、不思議な乳母の「ショック療法」によって徐々に人間性と家庭を尊重する気持ちを取り戻してゆく……という『メリー・ポピンズ』のストーリーはまったくもって把握できなかったし、修道女の家庭教師と教え子一家がナチスの追求を逃れ、オーストリアからアルプス越えしてスイスに亡命……という『サウンド・オブ・ミュージック』のあらすじも、なにひとつわからなかった。そもそも「字幕を読む」という行為が七歳の僕には荷が重い。どちらも最初から最後まで「なんなんだ、これは?」という感じだったのだ。

二時間強という時間は、子どもには永遠に思えるほど長い。グズれば隣の母親から「おとなしく観てなさい!」と小声で注意されてしまうし、ただひたすら「なんでもいいから早く終わってください!」と神様に祈るような気持ちで時間が過ぎるのを待った。なんとなく場面が「あ、そろそろ終わるのかな?」という雰囲気になってホッとするたび、あろうことか登場人物たちがにわかに歌いだしたり踊りだしたりする。その歌や踊りがまた延々と続くのだ。「いいかげんにしろよ!」と何度もスクリーンに向かって怒鳴りたくなった。

この体験を通じ、映画鑑賞とは「わからないもの」を前に二時間以上もの間、ひたすらお行儀よく座っていなければならない「苦行」であると認識した。退屈や苦痛にじっと耐えながら終わるのを待つという意味で、当時の僕が大嫌いだった床屋さんや歯医者さんと同じなのだ。

両作で主演を務めたジュリー・アンドリュースは、おそらく僕が最初に名前を覚えた外国の女優だと思う。覚えたくて覚えたのではなく、その名前と顔が「恐怖の対象」として脳裏に刻まれたのだ。「嫌いな体育の先生」と「嫌いな音楽の先生」を混ぜた感じ……というのが彼女の印象だった。学校や教育といった抑圧的なものの象徴のような存在に見えたのかもしれない。

常に子どもたちに命令し、号令をかけ、整列させ、なにかというと合唱させたり、体操させたりしたがる。やたらと「自由に楽しく遊びましょう！」みたいなことを言うが、そうしたセリフがいちいち命令的で服従を強要してくる。従順な子にはニコニコと笑顔で向き合うが、従わない子は軍隊調の一喝で叱り飛ばす。その声がまた常に大きくて野太くて威圧的だ。声楽的訓練で徹底的に鍛えられた彼女の「正しい発声」は、どんなセリフも結局は「私に逆らうな！」と言っているように聞こえる。

だいぶ後になって『メリー・ポピンズ』も『サウンド・オブ・ミュージック』もちゃんと観なおして、特に『メリー・ポピンズ』の彼女の少女っぽい可憐《かれん》さを残した魅力には、「え？　こんなにかわいい人だった？」とビックリした。子ども時代に抱いた勝手なイメージで嫌いつづけてゴメンナサイ、とも思ったが、しかし、やはり三つ子の魂百まで。ジュリー・アンドリュースの顔を見ると、今もかすかに胃が痛くなる。

「怪獣映画じゃなかった!」という衝撃。

『キングコング』
King Kong

（配給：東宝東和／ソフト販売：ユニバーサル・ピクチャーズ・ジャパン）
1976年（米）／監督：ジョン・ギラーミン／出演：ジェフ・ブリッジス、ジェシカ・ラング、チャールズ・グローディンほか

ジュリー・アンドリュースのせいですっかり「映画なんてもうコリゴリ！」という状態になっていた小学生時代の僕だったが、それでもCMを見たり、友達の「観《み》てきた！」という話を聞いて、「あ、おもしろそうだな」と思う作品はあった。みんなが観ていた定番の犬映画『ベンジ

ー』（一九七五年）とか、アメフトブームの真っただなかに公開されていたアメフト難病映画（?・）『ジョーイ』（七七年）とか、サバイバル家族映画『アドベンチャーファミリー』（七七年）、英国版犬映画『むく犬ディグビー』（七九年）などなど、あのころは子ども・家族向けのいわゆる「ファミリー映画」の話題作が目白押しだったのだ。

しかし、一種の「映画恐怖症」に陥っていた僕は「観にいくとまた苦行を強いられるんじゃないか」という気がして、なかなか親に「観たい」とは言いだせなかったのである。

しかし、とうとう「これだけはどうしても観たいっ！」と思える一本がやってきた。『キングコング』である。僕ら世代にとって『キングコング』といえば、再放送で観た「♪キングコングは友達さ～」の子ども向けアニメ版だが、今度公開される映画版のコングは怪獣映画的なスペクタクル巨編らしい。ニューヨークを破壊しまくり、戦闘機を片手で握りつぶしたりもするのだ！（これは広告用イラストのみで、本編には戦闘機などまったく登場しない）しかも、最先端のロボット技術を駆使したアニマトロニクスがどうのこうので、とにかく超リアルで大迫力でスゴイらしいのである。

当時、話題の大作が封切られる前にはテレビでさまざまな紹介番組が放映されたが、そうした前情報に煽《あお》られまくり、ついに僕は親に「連れてって」と頼んだ。「怪獣映画なんてダメ！」と言われそうで恐る恐るねだったが、母親はあっさり承諾。七七年のお正月、渋谷東宝前の長い長い行列に並ぶことになった。

この『キングコング』で、僕の映画観はガラリと変わってしまった（といっても、それ以前は映画といえばジュリー・アンドリュースの印象しかなかったわけだが）。世界がひっくり返ったと言ってもいいくらいの衝撃で、とにかく「この世にはこんなにスゴイものが存在するのかっ！」という驚きに打ちのめされたのだ。

よく言えばソツのない職人仕事、悪く言えばなんの工夫もなく律儀に撮られただけのギラーミン版の『コング』がそんなにスゴかったか？……と言われそうだが、スゴかったんだからしかたがない。心臓がどうかなっちゃうんじゃないかと心配になるほど、終始ドキドキワクワクのしっぱなしだった。実際はアニマトロニクスとやらがまったく役に立たなかったらしいショボい『コング』の造形も、あのときの僕には充分にリアルだったし、「チープなエロさ」に満ちたジェシカ・ラングは、少なくとも一〇歳の僕には「なんてキレイな人なんだ！」と思えた。彼女は自分の出世欲のために『コング』を売ってしまう女なのだし、あの三流モデルみたいな俗っぽさは「ドワン」にピッタリではないか。

それに、ジェフ・ブリッジス！　後に僕は『サンダーボルト』（七四年）を観て彼が大好きになるが、この不思議な雰囲気の役者の名前を記憶しておくことができたのも本作のおかげだ。

それよりなにより、『キングコング』を「怪獣映画」、つまり強大で凶悪なモンスターが人類の勇気と叡智によって退治される話だと思っていた僕には、あの文明批判的で悲劇的なストーリーはまったく予想外の「青天の霹靂《へきれき》」だった。

今は存在しない貿易センタービルの上で『コン

グ』が無数の銃弾を喰《く》らうシーンでは、ジェシカ・ラングと同じように僕も「やめてーっ！撃たないでーっ！」と心の中で叫んでいた。

で、映画が終わって館内の明かりがついたとき、僕は心底ビックリしたのだ。涙で顔がグッショリ濡《ぬ》れている！「泣いている」という自覚などまったくなかった。無性に恥ずかしくなって、隣の母親に気づかれないように慌ててセーターの袖口で涙をぬぐった。そして、「映画を観て泣く」というようなことが自分にも起こるのか……と、不思議な驚きに満たされた。

その夜のことである。

映画館で買ってきたパンフレットを居間で眺めていたら記憶がドバババババッとフラッシュバックして、不覚にも「思いだし泣き」(?)をしてしまったのだ。これまたビックリして慌てて涙をぬぐっているところを、まずいことに毎年のお正月に遊びに来る叔父さんに発見された。

「あれ？　なんだ、映画を思いだして泣いてるのか？　アハハハ！」とからかわれ、僕は思わずブチ切れてしまった。怒りにまかせてひどい罵詈《ばり》雑言を口走ったため、親からはこっぴどく叱られたが、その後で母親から「ちょっと来なさい」と誰もいない部屋に呼びだされた。

「あなたね、映画を観て泣くのはちっとも恥ずかしいことじゃないのよ。悲しいものを見て泣けない人のほうが恥ずかしいの。泣いたことを隠す必要なんてないの。わかった？」

それを聞いて、映画館で僕が泣いていたときにも母親はすでに気づいていたのか……ということがわかって、また無性に恥ずかしくなった。

「人喰《く》い動物映画」、大量発生!

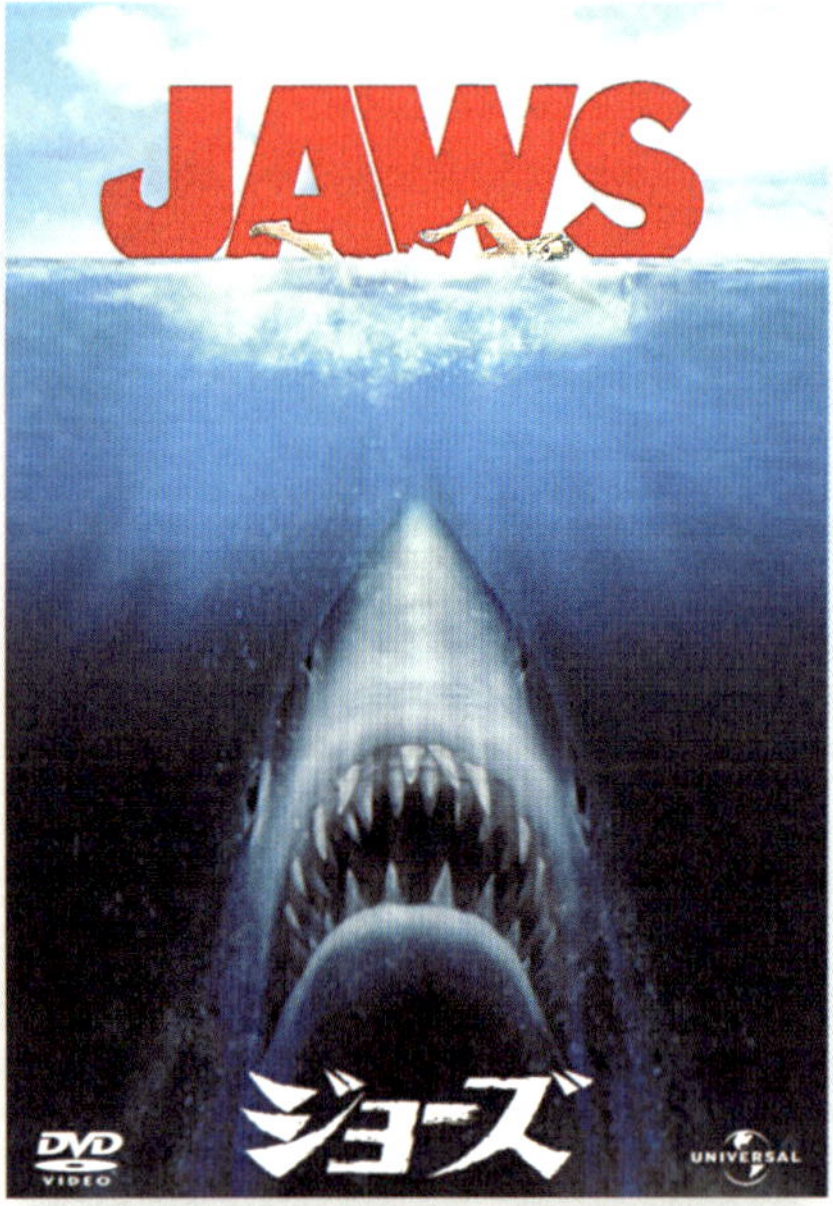

『ジョーズ』
Jaws

(配給:ユニバーサル・ピクチャーズ/
ソフト販売:ジュネオン・ユニバーサル・エンターテイメントジャパン)
1975年(米)/監督:スティーヴン・スピルバーグ/
出演:ロイ・シャイダー、ロバート・ショウ、
リチャード・ドレイファスほか

おそらく同世代の人であれば、「『キングコング』の前に語るべき重要作があるだろう!」と思ったのではないか。そう、泣く子も黙る『ジョーズ』である。この作品は世界中に「動物パニック映画」の大ブームを巻き起こし、『キングコング』もその流れのなかで公開された作品だ

った。『ジョーズ』の影響をモロに受けた（舞台を海から山へ移しただけ）クマちゃん映画『グリズリー』（七六年）、イタリアン風味の人喰いタコちゃん映画『テンタクルズ』（七七年）、動物側に肩入れして人類糾弾的要素が強かったシャチ映画『オルカ』（七七年）、そして『キングコング』（七七年）あたりまでの作品は、当時の僕らはひとつのシリーズのようなものとして受け入れていたし、配給会社もそのように売りだし、実際に製作側の企画意図もそこにあった。

　従来の空想科学的な「怪獣」とは別種のリアリティーを持った「デカイ動物」が暴れまわるジャンルの映画は、それ以前はアメリカのドライブインシアターなどでかかる低予算のB級映画としては細々とつくられていたが、『ジョーズ』によってメジャー娯楽大作の主要ジャンルとして確立され、以後、ピンからキリまでの類似作が無数に製作されることになったのだ。

　僕ら世代が体感してきた映画史において、それほど重要な意味を持つ『ジョーズ』だが、残念ながら僕は当時、この作品を映画館で観《み》ることはできなかった。周囲の子たちは盛りあがっていたが、ウチの親はねだっても「残酷な映画はダメ！」と連れていってくれなかったのだ。なんで『キングコング』はよくて『ジョーズ』はダメなのか？という基準は不可解だが、たぶん一九三三年版の『キングコング』がクラシックとして名高かったため、安心感があったのだろう。一方『ジョーズ』は当時、各メディアで「とにかく恐ろしい！」と盛んに言われていたので、親としては警戒したのだと思う。

だから僕が最初に『ジョーズ』を観たのは、公開から数年を経たテレビ放映時だ。それなりにアレコレの映画を観ていたこともあって、リアルタイムで体験した子たちのように「海水浴に行けなくなった！」といった強烈な衝撃は受けなかった。「よくできているなぁ」と、冷静に感心しながら画面を眺めていた記憶がある。

むしろ『ジョーズ』の印象として強烈だったのは、ブームの真っただなかに友人の家で読んだ『劇画ジョーズ』（一九七五年。ヘラルドブックス）というマンガだ。七〇年代は話題の映画が盛んにコミカライズされた時代だった。「完全劇画化」と銘打たれた『劇画ジョーズ』は、一応は映画のストーリーを忠実にマンガ化したものだが、なぜか本編よりもエロとグロが無駄に強調され、めちゃめちゃエグイ内容だった。

『ジョーズ』以降の一連の七〇年代「動物パニック映画」については、僕も主にテレビを通じて大半は観ている。この種の作品は八〇年代なかばにかけて、「またかよ！」とあきれるほど何度も繰り返し放映されていたのだ。

まさに玉石混交、それも一〇〇の「石」のなかに「玉」がひとつという感じで、クマの手を模した手袋をつけたおっさんがカメラの前で腕をふりまわしているだけの『グリズリー』などは「なめてんのかっ！」と叫びたくなったし、終始画面が真っ暗でなにが映っているのかわからない『テンタクルズ』にもガッカリした。『キングコング』上映時に観たタコのイラストだけで構成した予告の特報の方が、本編よりもよっぽど怖かった記憶がある。

動物の「デカさ」ではなく数の多さで勝負す

る「動物パニック映画」も定番で（もちろんヒッチコックの『鳥』の系譜である）、本編は退屈だったがグロいチラシが大傑作だった爬虫類大行進映画『吸血の群れ』（七五年、大量のゴカイ（当時はミミズだと思っていた）がウジャウジャうごめくなか、青春ドラマのような若者たちの三角関係が描かれる不思議なバフンスの『スクワーム』（七七年）、タイトル的に『スクワーム』と記憶がゴッチャになりやすい蜂の大量発生映画『スウォーム』（七八年）、内容的に『スウォーム』と記憶がゴッチャになりやすい蜂の大量発生映画『キラー・ビー』（七八年）、ダークなSF風味の『戦慄！昆虫パニック』（劇場未公開。七八年にテレビ放映）、発火する虫が街を燃やしまくる『燃える昆虫軍団』（七六年）、各種動物をまとめて凶暴化させて地獄の動物園状態を描く『アニマル大戦争』（七八年）や『猛獣大脱走』（八四年）……。

タイトルを羅列しているだけでウンザリしてくるし、実際に観るとさらにウンザリするものも多いが、しかし、僕はいまだに「動物パニック映画」には過敏に反応し、ついつい観てしまうのだ。何度失望させられようとも、「動物パニック映画」にはなぜか一様に強烈な「おもしろそう！」という雰囲気が漂っている。実際におもしろいかどうかといったこととはまったく別のところにある強烈な「おもしろそう！」という雰囲気こそ、このジャンルに属する映画の特性なのだと思う。

これぞ70年代のインチキ見世物興行!

『グレートハンティング』
Ultime grida dalla savana

（配給：日本ヘラルド映画／ソフト販売：ファーストトレーディング）

1976年(伊)／監督：アントニオ・クリマーティ、マリオ・モッラ一九六二年、グァルティエロ・ヤコペッティの『世界残酷物語』によって「モンド映画」、いわゆる「残酷ドキュメント」は世界中で大ブームとなり、僕らが幼少期を過ごした七〇年代にもまだ余波は続いていた。というより、六〇年代にジャンル化された「残酷ドキュメント」が、再び大きくブレイクしたのが七〇年代だったのだと思う。ヤコペッティ御大については次項で触れるが、ここで語りたいのは七〇年代型「残酷ドキュメント」として大ヒットし、当時の大人も子どもも夢中にさせた『グレートハンティング』についてである。「地上最後の残酷！　映画史上二度と出現しない最大・最後の衝撃ドキュメント！　ヨーロッパ全土を震えあがらせ遂にそのベールを脱ぐ！」という仰々しい煽《あお》り文句で注目され、作品のキモである「サファリパークのライオンが人を襲う！」というシーンが公開前から大きな噂《うわさ》となった「問題作」だ。

しかし、この「残酷ドキュメント」全盛期の話は、どうも若い世代にはうまく伝わりにくいらしく、いつも困ってしまう。事故や災害の決定的瞬間や死刑囚が電気椅子で処刑される様子、ジャングルで行われる人間狩り、人間が動物に食べられる光景、さらにはあろうことか人間が人間を食べる場面などなどを、老若男女がこぞって観《み》たがる時代など、本当にあったのか？それほどまでに七〇年代の日本人は「野蛮」だったのか？　……という疑問を、あの時代を知らない世代は抱いてしまうらしいのである。

まぁ、当然といえば当然の疑問だが、実際に人体破壊や内臓散乱シーンを家族みんなで鑑賞(?)する習慣はごく普通にあったし、現に『グレートハンティング』は七六年の洋画興行成績で二位を記録している。しかも、観客は家族連れや子どもが多かった。こうした傾向は八〇年代まで続き、動物虐待と強姦《ごうかん》、殺人、食人シーンが満載の『食人族』（八三年）でさえ、「食べるか、食べられるか！」「テレビではこれ以上お見せできません」というCMがウケまくって、八三年の洋画部門九位のヒット。しかも、同時期に公開していた『E.T.』の上映館が満員で入れなかった家族客の多くが、「しょうがないからこっちを観ようか」といった形で流れてきたといわれている。そういう時代だったのだ。

もちろん、当時も「有害映画」などに対する「良識派」の批判は厳しかった。『グレートハンティング』に対しても「成人指定にしろ！」という排斥運動が各自治体であり、「これはただの残酷映画じゃない！　高尚な文明批判だ！」と主張する配給会社と激しく対立。結局、「保護者の同伴がない未成年は鑑賞禁止」というレベルの規制に落ち着いたが、当時の子どもたちは「知るか！」とばかりに友達と連れだって映画館に足を運んだ。そして当然、映画館もこれには目をつぶってシレッと子ども客を受け入れる。で、こうした状況に目くじらを立てた「良識派」がまた「けしからん！」と言いだして、さらなるバトルが展開される……。「野蛮」といえば確かに「野蛮」だが、「良識派」も、商売優先の興行主も、単に好奇心に駆られただけのガキどもも、それぞれの立場の連中がそれぞれに好き勝手なことを言ったりやったりして、あちこちで喧々《けんけん》囂々《ごうごう》の論争が渦巻いたあの時代は、結局のところ「健全」だったのだとも思う。

それほどまでの大騒ぎを巻き起こした『グレートハンティング』ではあったが、実際に観にいったクラスの子たちの多くは「ただのインチキ映画だったよ」とシラケていた。『ジョーズ』すら観せてもらえなかった我が家では『グレートハンティング』などもってのほかで、当然僕は観ていなかったが、こうした「未見組」の子たちは、ちょっと安心しながら「ああ、やっぱりまたヤラセ映画だったのか」と笑ったものだ。

　僕は公開から数年後のテレビ放映で初めて観たが、「残酷ドキュメント」にユルユルのヤラセ演出はつきものとはいえ、「なんじゃ、こりゃ?」とあきれ果てたことを覚えている。特に冒頭のドリフのコントみたいな狐狩りシーンでは、あまりのアホさ加減に開いた口がふさがらなかった。そして本作の目玉、これがあるからこそ誰もが『グレートハンティング』を観にいったのだが、問題の「サファリパーク人喰《く》いライオン事件」の場面は予想をはるかに超えたお粗末な演出で、もはや学芸会。タダのテレビで観ているにもかかわらず、思わず「金返せっ!」と叫びたくなった。

　が、それはあくまで子ども時代の話。今の僕はこの映画が大好きだ。残酷シーンに優美なBGMを重ねるという、ヤコペッティからの伝統を踏襲した正統派イタリアン「残酷ドキュメント」ならではのお家芸は見事にキマッているし、大自然の光景を記録する撮影は無駄に美しく、思いのほか詩的(?)な作品なのである。

　あの時代にしかなかった特別な空気を封じ込めたレトロ映画としても、愉快でイカガワしく、そして妙にセンチメンタルな気分に浸れる一作だと思う。

COLUMN

K村くんと「人喰《く》いライオン」

『グレートハンティング』についての原稿を書いていたら、思いだしたことがある。

小学校三年生の三学期、進級にともなうクラスがえを前に、みんなでガリ版刷りの寄せ書き帳をつくって配布するイベントがあった。一九七七年の春のことだ。

男の子たちは『ドカベン』などのマンガのキャラや、電車、クルマ（まだスーパーカーブーム勃発前で、普通の自家用車やオリジナルの未来カーみたいなものが中心）などのイラストを描き、「四年生になってもがんばろう!」といったメッセージ、もしくは「べんきょうなんてきらいだ!」という心の叫びを添えている。女の子の場合は「いつまでも友だちでいようね」といった感傷的なフレーズが主流で、イラストは「キティちゃん」などのサンリオ系が圧倒的に多い。

映画ネタのイラストを描いている子もいて、なぜかすべて男子だが、やはり『ジョーズ』をモチーフに描いている子がもっとも多く（もちろんあのポスターの有名な構図）、ほかには貿易センタービルに立つ『キングコング』（作者のS木くんは当時の僕の親友で、いつも『コング』の話で盛りあがっていた）、渋いところでは『マラソンマン』、なんてのもある。ちなみに、僕はなぜか『天才バカボン』のキャラたちが並んで「べんきょうはんたい！」と叫んでいるイラストを描いていた。完全にバカ丸出しだ。

問題はK村くんである。彼は学級委員も務めた秀才で、さらには運動もできて社交的という理想的な小学生男子なのだが、どういうわけか寄せ書きのモチーフが『グレートハンティング』なのだ。あの「サファリパークのライオンが人を襲う！」という場面をモチーフに、おじさんが今にもライオンに喰われようとしているところを描いている。ご丁寧に、その上にわざわざ大きな太字で「グレートハンティング！」と書いているのである。

当時は別になんとも思わなかったのだが、今見返してみると、小学生が学校の記念の寄せ書き帳に、子どもの鑑賞が禁じられた「残酷ドキュメント映画」ネタの絵をごく当然のように描き、それを先生もごく普通に受け入れていたわけで、「やっぱり七〇年代ってスゴイ時代だったのかもしれない……」などと思ってしまうのだ。

それにしてもK村くん、本当にあの映画が大好きだったんだなぁ。ちゃんとマトモな大人になれているのだろうか？

COLUMN

H小学校『3年2組の思い出の寄せ書き』より(1977年)

●S木くん作『キングコング』

『コング』を攻撃しているのがチラシやポスターにある戦闘機ではなく、ちゃんとヘリになってるあたりがしっかりと本編を鑑賞済みであることを証明している。

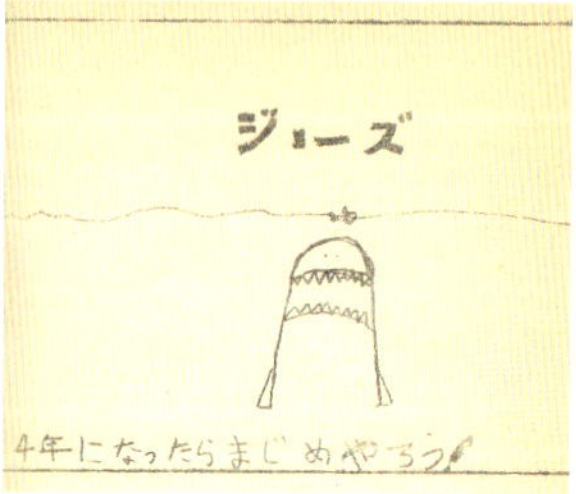

●S田くん作『ジョーズ』

子どもにも非常に再現しやすいお決まりの構図。金髪美女でなければならないはずの人間の描写があまりに雑。

●W部くん作『マラソンマン』

彼はあのダークなポリティカルサスペンスを理解できたのだろうか？　描かれている男性はダスティン・ホフマンにしてはいくらなんでも太りすぎである。

●K村くん作『グレートハンティング』

人喰《く》いライオンの「人間捕食シーン」と、それとはまったく無関係な優等生然とした素直で前向きなコメントとの対比が非常に味わい深い。ライオンがペロッと舌を出している演出も秀逸である。

※元3年2組の皆様、無断転載ゴメンナサイね

めくるめく見世物映画の世界。

『世界残酷物語』
Mondo Cane

（配給：東和／ソフト販売：スパイク）
1962年（伊）／監督：グァルティエロ・ヤコペッティ

世界各国の残酷で野蛮な奇習を記録したグァルティエロ・ヤコペッティ監督の怪作『世界残酷物語』（一九六二年）によって、「残酷」というテーマは一躍映画界のトレンドとなった。以降、六〇〜七〇年代を通じて、ヤラセ満載のいかがわしい「残酷ドキュメント」が世界中で製作されることになる。

この大ブームは、もちろんヤコペッティの天才的、いや、奇才的なセンスが多くの人々を魅了したからこそ巻き起こったものであることは言うまでもない。惨憺《さんたん》たる光景にリズ・オルトラーニによる美しく流麗な音楽を重ねることで生まれる独特の効果や、目を覆いたくなるような場面とコミカルな脱力シーンを並列させる奇妙なテンポ感、ひたすら人を喰《く》ったようなナレーション、観客の下劣な覗《のぞ》き見趣味を満足させる「見世物」に徹し、しかし、ギリギリのところでジャーナリズムとしても成立させ、ある種の挑発的な文明論として迫ってくる異様な感じ……。今、あらためてヤコペッティ映画を観返《みかえ》してみると、特に七一年の『ヤコペッティの残酷大陸』などを観てみると、この監督の鬼気迫る「本気ぶり」に震撼《しんかん》してしまう。やはり生涯をかけて人類に「揺さぶり」をかけつづけた鬼っ子的な映画人だったのだと思う。

一方、六〇年代にこうした映画がブームになった背景には、当時の映画界を深刻な危機にさらしていたテレビの台頭という要素もあった。映画がテレビに駆逐されないためには、テレビでは放映できない映像を獲得する必要があり、「残酷」はその条件を見事に満たすものだったのだろう。そして、もうひとつの重要な要素は、「残酷ドキュメント」が実は非常に古典的で普遍的な「見世物興行」だったということだ。祭りや縁日のいかがわしい「見世物」の基本は、大昔から万国共通であり、要は「遠くのどこかから珍しいモノを持ってきました」という前提のうえに成り立つ。世界の果ての「秘境」から「世にも珍しい」アレコレ、たとえばバケモノのような動物や奇怪な人間（「自分たちとは違う」と見えるものはすべて「奇怪」とされてしまうわけだが）などを「ご覧に入れましょう」、というのが主旨なのである。知られざる「秘境・辺境」に「残酷」を求めたヤコペッティ映画は、古典的な「見世物小屋」を世界中の銀幕を媒介にして復権させたものであり、いつの世も変わらぬ人間の好奇心を強烈に刺激したのだと思う。ただ、ヤコペッティ映画が無数の亜流と違うのは、彼の作品においては文明国側もまた「秘境」として扱われ、見ている観客側が「世にも珍しい野蛮人はオレたちのほうなんじゃないか？」という価値転倒を迫られてしまうところなのだが……。

僕らは「残酷ドキュメント」ブームのごく後半の作品を劇場で体感しつつ、同時に六〇〜七〇年代に撮られた大量の作品をテレビで浴びるように観てきた世代だ。後年、この種の作品は「モンド映画」として再評価され、資料やDVDも充実したので、今はそれなりに整理はついているが、当時は年代も監督も製作国もめちゃめちゃな形で無数の作品がテレビ放映されたため、このジャンルは底なし沼のようなカオスだった。特に子ども時代のテレビ東京の真っ昼間の映画枠『2時のロードショー』（現在の『午後のロードショー』）などでは、『世界残酷物語』、『続・世界残酷物語』（六四年）をはじめとして、六〇〜七〇年代の似たような「残酷ドキュメント」があきれるほど繰り返し放映されていた。

飽きるほどに何度も観せられたのは、事故や災害の映像を投げやりな編集とナレーションでまとめた『カタストロフ 世界の大惨事』（七八年）。なぜか毎年の夏休みに必ず放映されていた記憶がある。まったく関係のないテレビ映画が『新・カタストロフ』として放映されたこともあったはずだが、今となってはどっちがどっちだったか、まったく区別がつかない。

印象に残っているのは、「スーパーカーブーム」の真ったただなかに公開された『ポールポジション』（七八年）だ。天才レーサー、ニキ・ラウダなどの活躍を記録したF1グランプリのカッチョいい記録映画だと思って観たら（そういう要素もたっぷりあるのだが）、衝撃的な事故シーン満載のサーキット版「残酷ドキュメント」で唖然《あぜん》とした記憶がある。しかし、なんだか妙にエレガントで不思議な作風に仕あがっていて、常に死の危険とともにあるレーサーたちの悲哀と狂気が一種のロマン（？）として伝わってくる独特の映画だった。

話題になった「残酷ドキュメント」はたいてい観ていると思うが、いまだに最後まで観ていられないのが、実は日本人スタッフの主導で製作されたという（当時は完全に「洋画」として公開された）『ジャンク 死と惨劇』（八〇年）だ。一世を風靡《ふうび》した作品だが、なぜかこれだけはいつも途中で嫌悪感に耐えられなくなってしまうのである。

アホな古典的ギャグの連続に唖然《あぜん》……

『ピンク・パンサー３』
The Pink Panther Strikes Again

（配給：ユナイテッド・アーティスツ／
ソフト販売：20世紀フォックス・ホーム・エンターテイメント・ジャパン）
1977年（英）／監督：ブレイク・エドワーズ／
出演：ピーター・セラーズ、ハーバート・ロム、
レスリー・アン・ダウンほか
『キングコング』のおもしろさに魅了されてすっかり「映画恐怖症」から脱した僕は、一転して気になる映画を見つけると「観《み》たい、観たい！」とうるさく親にねだる子どもになっていた。といっても、当時の映画鑑賞は今ほど気楽なものではなく、あくまでも「家族でのお出か

け」という一大イベントである。七〇年代は「映画を観た後はデパートでお買いものして大食堂でお子さまランチ」といった典型的な昭和三〇年代型の行楽スタイルが、まだまだ色濃く残っていた。「映画を観る日」は、単に映画館へ出かけるのではなく、銀座や渋谷で丸一日を過ごす「特別な日曜日」だったのだ。大人にとっても映画館は今よりも特別で贅沢な場所だったのだと思う。シネコンによって完全に駆逐されてしまった東京の巨大な劇場型映画館、赤絨毯《じゅうたん》を敷き詰めた三階席まであるようなゴージャスな映画館は、とてもサンダル履きで入れるような場所ではなかった。誰もが「よそいき」を着て、「おめかし」をして出かけたのだ。

そういう状況だったので、ひとりでヒョイヒョイと名画座に通いはじめる中学生になるまでは、映画に連れていってもらえるのは多くても年に四回ほどだったと思う。映画を親にねだる際は、慎重に作品を吟味しなければならない。ヘタにねだりまくっても、「映画は先月観たでしょ！」などとはねのけられてしまう。「どうしても観たい！」と思える作品だけを巧妙にねだる必要があったのだ。

『キングコング』を観たのが一九七七年のお正月。で、その年の春、早くも「どうしても観たい！」と思える映画がやってきた。『ピンク・パンサー3』である。『ピンク・パンサー』、『暗闇でドッキリ』（六四年）、『ピンクの豹』（六三年）、『ピンク・パンサー2』（七五年）に連なる英国産のコメディー映画シリーズ最新作だが、当時の僕はもちろんそんなことは知らなかった。七七年はちょっとした「ピンク・パンサーブーム」の年で、子どもや若者たちの間では「ピンク・パンサー」のキャラグッズが流行し、東京12チャンネル（現在のテレビ東京）ではアニメ版『ピンク・パンサー』の放映も開始された。僕はこのアニメで見た「ピンク・パンサー」の魅力、アメリカのカートゥーンとはちょっと違ったシニカルで大人っぽいタッチにすっかり魅了されてしまったのだ。どうでもいい話だが、この年の東京12チャンネルの木曜一九時からのタイムテーブルは、『バーバパパ』→『ピンク・パンサー』→『怪傑ズバット』という流れで、なんだか無国籍的な別世界のような様相を呈していて楽しかった。

当時の僕は、『ピンク・パンサー3』はアニメの「ピンク・パンサー」が実写の世界で大活躍するドタバタコメディー映画だと思っていた。ピーター・セラーズ演じるクルーゾー警部たちが登場する実写パートに、アニメの「ピンク・パンサー」を合成したものなのだろうと勝手に考えていたのだ。それならおもしろくないはずがない。「どうしても観たいっ！」と大興奮し、母親に必死でねだってしまったのである。

ところが……。まぁ、このシリーズをご存じの方には説明するまでもないが、「ピンク・パンサー」が登場するのはオープニングアニメーションのみ。いつもテレビで見てるような数分間のアニメが流れるだけで、あとの約一〇〇分間はまったく「ピンク・パンサー」とは関係のない物語が展開される。で、これが少しもおもしろくないっ！　この「おもしろくないっ！」というのは、幼すぎて意味がわからなかった『メリー・ポピンズ』などとは違って、それなりに意味がわかったうえで、「なんだ、このアホらしいお話は！」と、子どもながらにあきれてしまうつまらなさなのだ。いや、その超古典的なズッコケギャグが延々と続くアホらしさこそがファンにとっては本シリーズの魅力なのだろうが、せっかく映画好きになりかけていた当時の僕は、出鼻をくじかれたような気分になった。

印象的だったのは、映画本編ではなく、映画を観た渋谷東宝の売店に置いてあった「ピンク・パンサー」のクネクネ人形（ゴムのボディーに針金を仕込んだフィギュア）だ。僕はその人形がほしくなって、売店のお姉さんに値段をたずねた。しかし、値札が貼ってなかったようで、お姉さんにもわからない。彼女はひどく慌てながら事務所に走って上司や同僚に聞いたり、あちこちに何度も電話をかけたりした。そのうちに映画館の人が何人も集まってきて、深刻な顔でザワザワとなにやら相談しはじめたのである。「なんだか大変なことになっちゃった……」と僕はドキドキしてしまい、母親には「あなたが変なこと聞くからみんな困ってるじゃないの！」と怒られた。さんざん奔走した揚げ句、お姉さんは「す、すみません、これの値段、なぜか誰にもわからないんですっ！」と泣きそうな顔で謝るので、母親とふたりで恐縮しながら「こちらこそすみません！」とペコペコと頭を下げた。

後日、その人形と同じものを原宿のキデイランドで発見し、無事に購入することができた。値段は確か四八〇円だった。

古典的特撮で描かれる冒険と魔法。

『シンドバッド虎の目大冒険』
Sinbad and the Eye of the Tiger

(配給:コロンビア映画/
ソフト販売:ソニー・ピクチャーズエンタテインメント)
1977年(米)/監督:サム・ワナメイカー/
出演:パトリック・ウェイン、ジェーン・シーモア、
タリン・パワーほか

子ども時代に観《み》た映画のなかでもっとも思い出深い一本をあげるとすれば、僕の場合はこの作品になるのかもしれない。初めて映画というもののスゴさを教えられたのは『キングコング』だったが、あの作品の場合は予想もしてなかった悲劇的展開に慌てふためいて泣きじゃくって

しまったので、映画のおもしろさ、楽しさといったことを堪能する余裕がまったくなかった。しかし、この『シンドバッド 虎の目大冒険』は、本当に心底「おもしろいっ!」「楽しいっ!」を体全体で味わった感じだった。

大人になってからはあまりそういうことが起きなくなったが、子ども時代は映画を観終わって映画館から外に出た瞬間、なんともいえない不思議な感覚によくとらわれたものだ。いつもと変わらぬ街の風景がなにごともなかったようにまだそこに広がっていることが、なんだか納得いかないような、おかしなことのように思えた。そして心地のよい疲労感と、ちょっとホッとしたような安心感とともに、ごくあたりまえのことに気づくのである。今まで僕が暗闇のなかで没入していた別世界や大冒険や大惨事の数々は、ぜんぶただの「夢」だったのだ、と。

いつも通り動いている電車やバス、急ぎ足で行き過ぎる人々、映画を見る前からたった二時間ほどしか進んでいない時計などを眺めているうちに、徐々にいつもの退屈な日常の現実感が自分に戻ってくる。この現実が戻ってくるまでのほんのわずかな幸福な時間が、子ども時代は「映画を観た」という実感そのものだったと思う。そういう未知の感覚を初めて味わったのが、『シンドバッド 虎の目大冒険』だったのだ。

全三作の『シンドバッド』シリーズは、個々の監督の名前が引き合いに出されることは少なく、原案と製作を手がけている「特撮の神様」、レイ・ハリーハウゼンの仕事として語られる。で、ひと世代上の「怪獣・特撮映画」の原理主義者たちからは、『シンドバッド』シリーズの後半二作は明らかに駄作であり、最終作の『虎の目大冒険』などは、才能が枯渇したうえに時代に取り残された「老御大」による「出がらし」などと称されてしまうことも多い。彼の魔法のようなストップモーション・アニメ技術が本当に輝いていたのは、金字塔とされる『原子怪獣現わる』（一九四九年）から、ラクエル・ウェルチのエロ力が爆発する『恐竜100万年』（六六年）あたりまでで、以降は「ぜんぶダメ！」ということになるらしいのである。

「ぜんぶダメ！」と言われたって、僕が初めて体験したハリーハウゼン映画は『虎の目』だったわけで、僕はそれを「最高っ！」と思ったし、後にテレビで何度も観た『恐竜100万年』や『SF巨大生物の島』（六一年）、『アルゴ探検隊の大冒険』（六三年）と比べても、やっぱり「最高！」の気持ちは変わらないんだからしかたがない。これは僕に「怪獣・特撮映画」に対するこだわりがほとんどないせいかもしれないし、ヒヨコが初めて見たものを親と思うように、ハリーハウゼン初体験が『虎の目』だった世代の単純な刷り込みなのかもしれない。

『虎の目』は、確か当時の日本テレビの夕方六時台、再放送のアニメが流れる時間帯によくCMが放映されていたと思う。記憶では、なぜか「マルシンハンバーグ」のCMの直後に流れていた。魔女「ゼノビア」が炎からガイコツみたいな不気味な剣士を出現させる場面、そして水浴びしている半裸のジェーン・シーモアが「キャーッ」と叫び、岩陰からヌウッと「一角の原始人」が現れる場面で構成されたCMだった。

これだけで僕は「うわ、見たいっ！」と興奮してしまって、またしても母親にねだって渋谷パンテオンに連れていってもらったのである。

『シンドバッド』シリーズは『千夜一夜物語』の「シンドバッド」とは無関係ということになっているが、展開される世界は僕らが幼いころから絵本で繰り返し読んできた「冒険と魔法」の世界そのものだ。勇敢な船乗りたちの大航海、悪い魔女、異形の怪物、美しい王子様やお姫様……。一〇歳の僕も映画を観ながら「こういうお話は僕も知っている」という親しみに似た既視感を覚えつつ、しかし、僕らが幼いころから読んできた絵本の世界を、特撮技術を駆使した実写で再現すると「ここまでスゴくなっちゃうのかっ！」ということに驚いた。本当にめくるめくような一〇〇分間の「夢」だった。

この映画をねだったとき、実は僕の母親は少し渋っていたのだ。新聞広告などを見て「グロテスクな映画なんじゃないの？」と思っていたらしい。しかし、映画館を出るときには上機嫌で、「すごい、すごい！」と大興奮していた。「ああ、こういうのって大人が観てもおもしろいのか……」とちょっと意外だった。

その後、駅近くのデパートの「エーデルワイス」というレストランで、確かエビグラタンかなにかを食べながら、母親としきりに「おもしろかったねぇ！」と言い合ったのを覚えている。

まさに完璧な映画体験だったし、本当に完璧な「日曜日のお出かけ」だった。

昔話と神話の魅力に満ちた
シリーズ最高傑作!

『シンドバッド黄金の航海』
The Golden Voyage of Sinbad

(配給:コロンビア映画/
ソフト販売:ソニー・ピクチャーズエンタテインメント)
1974年(米)/監督:ゴードン・ハッセル/
出演:ジョン・フィリップ・ロー、キャロライン・マンロー、
トム・ベイカーほか

もうちょっとハリーハウゼン映画の話を、というか、今ではほとんど語られることのない『シンドバッド』シリーズの話をしつこく続けてみたい。このシリーズは、「今ではあまり語られることのない」どころか、最終作の『虎の目大冒険』が評価的にも興行的にも不振に終わって以

降、七〇年代後半の時点ですでに忘れられたシリーズというか、「思いだす必要のない映画」になっていたと思う。ハリーハウゼンのほかの古典的作品と比べると名画座で上映される機会もあまりなくて、僕が『虎の目大冒険』以外の二作を観《み》たのはだいぶ後のことだった。

シリーズ第一作は一九五八年公開の『七回目の航海』。ハリーハウゼン初のカラー作品で、彼一流の緻密なストップモーション・アニメーション技術によって「冒険と魔法」の神話的世界が具現化されていて評価も高いが、七〇年代っ子から見るとさすがに「古いっ！」という感じで、僕は楽しむというよりは映画史のお勉強をするような気分で眺めたのを覚えている。

続く二作目が、なんと一五年を経て製作された『黄金の航海』。個人的に好きなのはあくまで『虎の目』だが、シリーズの魅力がバランスよくギッシリ詰まっているのは、この二作目だと思う。神話的な宿命に絡む謎解き、邪悪な魔法使いのオドロオドロしい黒魔術、異形のクリーチャー、オカルト好きにはおなじみの秘境「レムリア」の奇怪な遺跡や寺院、思いっきり野蛮でグロテスクに描かれる未開の原始部族、そして、やはり欠かせない半裸の超絶美女！

『黄金の航海』では、昔話的世界には場違いなほどに「70's クールビューティー」を体現するキャロライン・マンローが、やはり場違いなほどセクシーな衣装でヒロインを演じている（「演じている」というほどには演技をしていないが）。ちなみに、主役の「シンドバッド」はジョン・フィリップ・ロー。『バーバレラ』（六八年）でヌボーッとした天使みたいな宇宙人を頼りなく演じていたが、ここでは快活で猪突《ちょとつ》猛進タイプの頼れる船長として登場する。

最終作の『虎の目』は一作目の焼きなおしというか、「ほとんど同じじゃん！」みたいな話ではあるのだが、特筆すべきは「ヒロインがふたり！」という超ゴージャス仕様。神秘的な瞳で『007死ぬのは奴らだ』（七三年）の予知能力搭載ボンドガールを演じたジェーン・シーモアがお姫様、もうひとりが名優タイロン・パワーの愛娘タリン・パワーで（ついでにいうと主役の「シンドバッド」はジョン・ウェインの息子！）、これまたどう見ても場違いな「七〇年代ヒッピー娘」まるだしのルックスで、なんというか、ある種のニューエイジ的（？）超能力少女として「テレパシー」能力を披露したりする。彼女の登場後、物語はなにやら邪悪な黒魔術vs正義の神秘主義的心霊科学、もしくは権力欲にまみれたサタニズムvs「ラヴ&ピース」なニューエイジ思想みたいな様相を呈してくるのだ。

このあたりが『虎の目』のおもしろいところで、『アラビアンナイト』の古典的・神話的な「冒険と魔法」の世界が、七〇年代的なSF、オカルト、神秘主義、そして時にホラーなテイストをふんだんに盛り込んだ形で再現されているのである。初めて観たときは、魔女によって製造された人造人間というかロボットというか、あるいは「使い魔」というべきなのか、青銅のミノタウルス「ミナトン」の存在が本当に不気味で怖かった。また、魔女がカモメに変身するときの妙に痛々しい描写やサイケデリックな演出にもギョッとさせられた。描かれているのは幼いころから絵本で親しんできた荒唐無稽な「冒険と魔法」の世界なのだが、それが現代的でリアルな感覚で刷新され、もう一度目の前に立ちあがってきたようなショックがあった。

「お前はあれをリアルというのか？」と笑われそうだが、『シンドバッド』シリーズの背景には、僕らが幼いころに絵本で何度も読んだ『アラビアンナイト』や『西遊記』、あるいは『ギリシア神話』や『旧約聖書のおはなし』など、東西の昔話や神話の大きな世界が広がっていて、それらと七〇年代っ子たちの現代的感覚を非常にうまくリンクさせる要素があったのだと思う。当時の子どもなら誰もが持っていた昔話と神話の記憶をＤＮＡの奥から引っぱりだして、もう一度ザワつかせるという意味で、そこには物語的・神話的なリアリティーが確かにあった。

間の悪いことに『虎の目大冒険』公開と同時期、いわゆる「特撮映画」の領域で映画史はじまって以来の超弩《ど》級のビッグバンが起こった。それによって一気に時代の様相が変わり、ハリーハウゼンはあっという間に「過去の人」になってしまう。『シンドバッド』シリーズは、確かに「劣化した老御大の最晩年の仕事」だったかもしれないが、それ以上に、まるで氷河期直前の恐竜のような、地殻変動の影響をモロに受けてしまった非常にワリの悪いシリーズだったのだと思う。これについては『タイタンの戦い』の章で、さらにしつこく触れてみたい。

これこそが僕ら世代の「ボンド映画」だった。

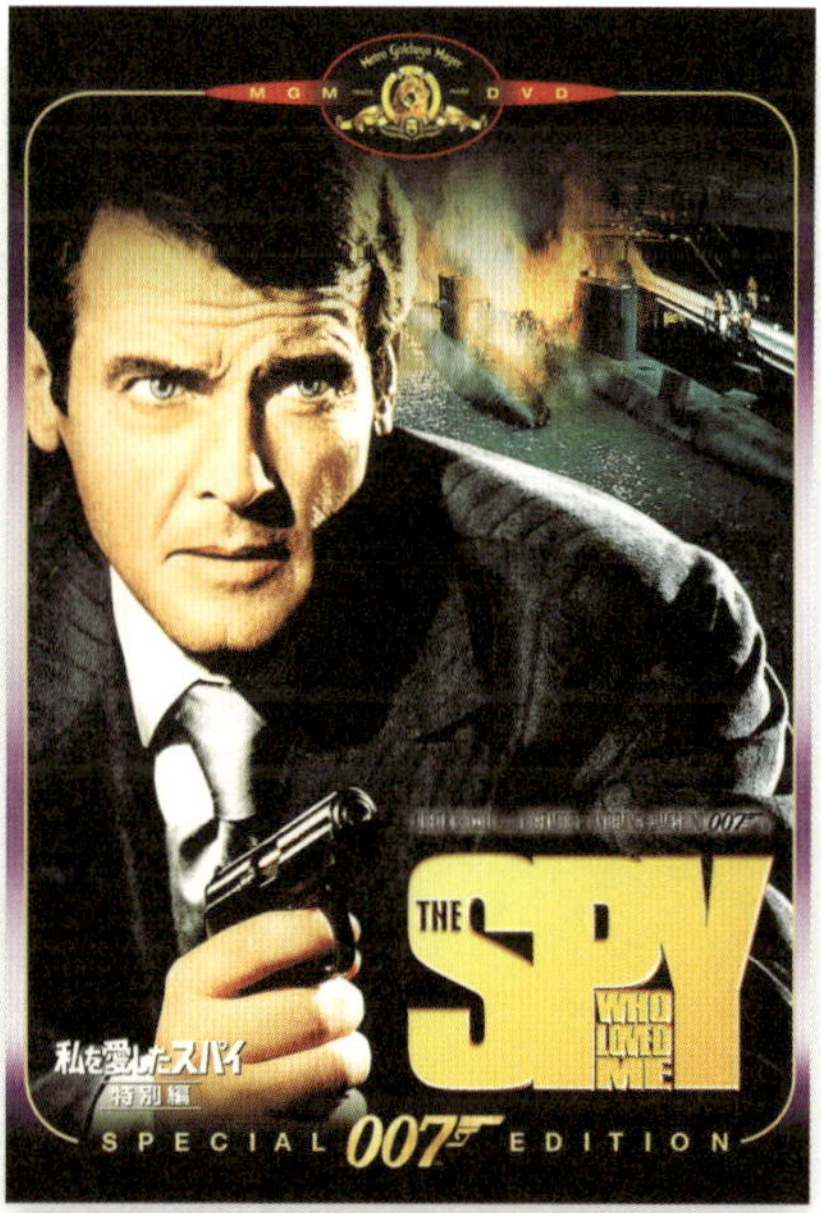

『007 私を愛したスパイ』
The Spy Who Loved Me

（配給：ユナイテッド・アーティスツ／
ソフト販売：20世紀フォックス・ホーム・エンターテイメント・ジャパン）
1977年（英）／監督：ルイス・ギルバート／
出演：ロジャー・ムーア、バーバラ・バック、クルト・ユルゲンスほかこの映画に関しては僕が母親にねだったのではなく、母のほうから「ぜひ観《み》よう！」と誘われて観にいった。母は昔から「ボンド映画」の大ファンだったのである。
僕も「007」という名称はなんとなく知ってはいた。園児時代にはサンスターの「スパイ手帳」なども持っていたし、「スパイ」というものに対して漠然と「カッコいい」といったイメージは抱いていたのだが、「スパイ映画」というものがどんなものなのか、具体的にはよくわかっていなかった。男の子たちの間で「007」ブームが盛りあがったのは六〇年代のことだし、「ボンド映画」の前作『黄金銃を持つ男』（一九七四年）の公開からもすでに3年もたっていることもあって、七〇年代後半には「スパイブーム」はすでに過去のものになりかけていたのだ。

ちなみに、この時点の日本では「007」は「ダブルオーセブン」ではなく、あくまでも「ゼロゼロセブン」。「ダブルオーセブン」という呼称が日本でも一般的になったのは八〇年代に入ってからだったと思う。『007は殺しの番号』（六二年）、『007は二度死ぬ』（六七年）など、過去作の傑作邦題は「ゼロゼロセブン」と読まないと語呂が悪い。

最新作『私を愛したスパイ』は、公開の何カ月も前からテレビや雑誌が「とにかくスゴイ作品だゾっ！」と煽《あお》りまくっていた。当時は話題作の公開が決まると「前夜祭」などと称した二時間テレビ特番などが組まれ、ハイライトシーンなどがバンバン流される。公開のニュースが入ってきた時点で「これは絶対に観よう」と母に言われていたので、僕はそうしたテレビ特番のほぼすべてを目を皿のようにしてチェックし、事前情報をせっせと頭に叩《たた》き込んだ。

過去シリーズの名場面や歴代「ボンド」の特徴、「ボンドカー」や「ボンドガール」、「秘密兵器」の変遷などをまとめて見せてくれる番組も多く、そういうものを見れば見るほど映画への期待が高まっていく。土曜夕方のＴＢＳでやっていた料理番組『料理天国』も「００７が愛した料理とお酒」を特集し、過去作に登場した豪《ごう》奢《しゃ》なメニューやカクテルなどを解説していた。そんなものまで見ていたので、僕はまだ「ボンド映画」を一本も観ていないにもかかわらず、「ボンドが好きなカクテルはマティーニ。ステアせずにシェイクして飲む」なんて情報まで把握していたのだ。観る前から「００７」のことで頭がパンパンになっていたのである。

そんな過剰な期待を抱いた状態で観にいった『私を愛したスパイ』は、期待にたがわぬ……どころか、予想をはるかに超えるスゴさだった。一〇歳の子どもとしては「うわあっ！」と叫びたくなるようなカッチョいい場面の連続だったが、それよりなにより「これは大人の映画だ！」という強烈な感動があった。「ジェームズ・ボンド」が漂わせるダンディズムやシニカルなユーモアは、それまでの僕が知っている「正義の味方」的なヒーローにはまったくないものだったし、当時はすべてを理解できなかった物語の政治的背景、「ボンドガール」をはじめとして悪役・脇役の女性までが漂わせるゴージャスな色気、子どもには充分に怖くて残酷に映った非情なスパイの世界での殺戮《さつりく》シーン、エレガントでセクシーなオープニングタイトルや気怠《けだる》く美しいカーリー・サイモンの主題歌まで、なにもかもが「大人の映画だっ！」という感じだったのだ。今まで知らなかった未知の世界への扉が、目の前で開いたような気さえしたのである。

ところが……。なぜか僕の周囲の大人たちの間では評判が悪かった。母親はそれなりにおもしろがってはいたが、それでも映画館を出た途端に「う〜ん、やっぱりボンドはショーン・コネリーじゃなきゃダメねぇ」などと言いだし、あろうことか「ちょっと子どもの映画になっちゃったわねぇ」などと言うのである！　「えぇっ？　あんなにおもしろくて大人っぽい映画なのに？」と僕は戸惑いまくった。

「ボンド」ファンの親戚のおじさんにいたっては、『私を愛したスパイ』に対して激怒しており、僕に「００７論」をまくしたてた。

「ボンドは顔色ひとつ変えずに人を殺せる雰囲気を持っていなければならない。コネリーにはそれがあったが、あのニヤけたロジャー・ムーアはただの人のいいオッサンじゃないか。あんなのは派手なだけの子ども向けのマンガだっ！」

「えぇぇぇっ？」。当時の僕は大人たちがなにを言ってるのか、まったくわからなかった。


一方、周囲の子どもたちはみんな大興奮していた。あたりまえだ。あのロータス・エスプリが活躍する名場面、敵のヘリに追われて海中へダイブ、すかさず「サブマリン仕様」に変形し、水中からミサイルでヘリを撃墜！……というめくるめくアクションシーンだけで、もう小学生男子的には「最高傑作！」なのである。しかもヘリに乗ってる美しい刺客「ナオミ」は、『シンドバッド黄金の航海』のキャロライン・マンローなんだぞっ！　なにもかもが夢のようだ。これ以上、映画になにを望むというんだっ？

娯楽路線が限界点に達した異色作。

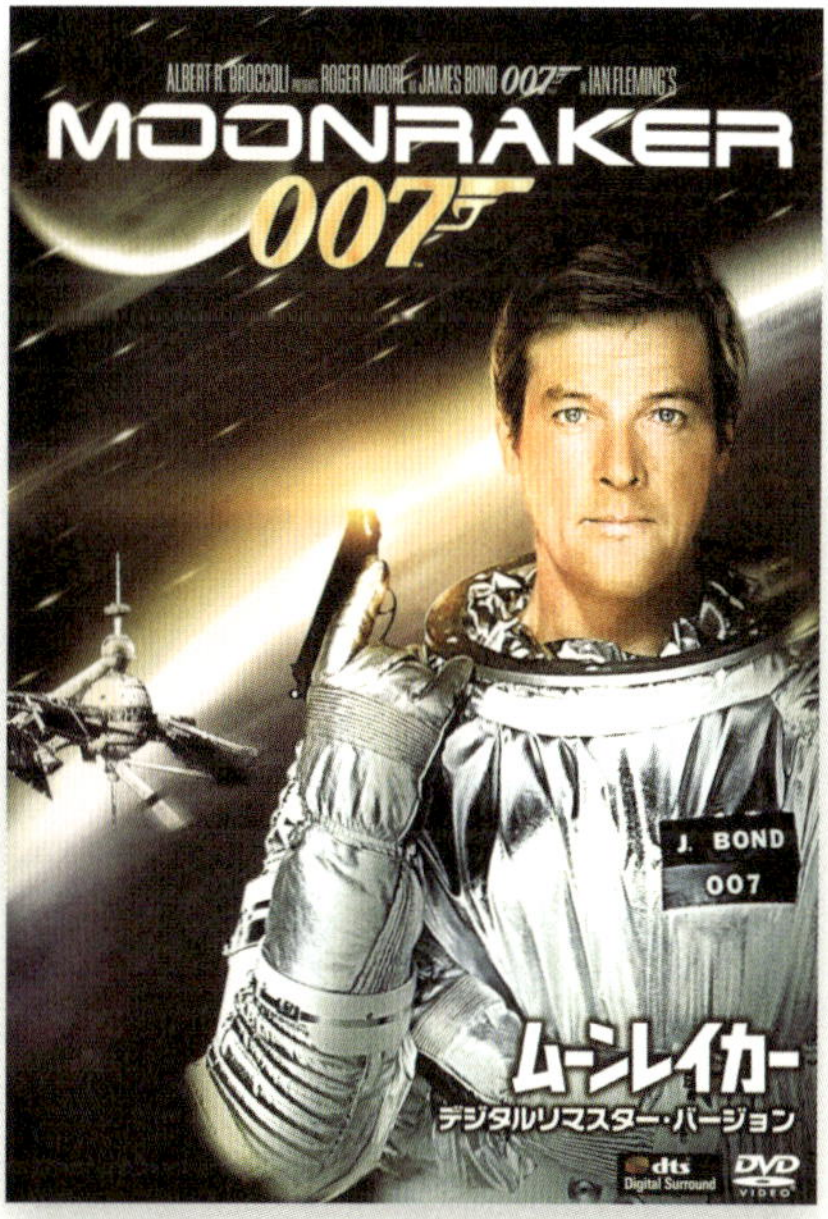

『007 ムーンレイカー』
Moonraker

（配給：ユナイテッド・アーティスツ／
ソフト販売：20世紀フォックス・ホーム・エンターテイメント・ジャパン）
1979年（英）／監督：ルイス・ギルバート／
出演：ロジャー・ムーア、ロイス・チャイルズ、
マイケル・ロンズデールほか

僕は『私を愛したスパイ』（一九七七年）を観《み》てからすっかり「００７」フリークになり、テレビで過去シリーズの放映があれば必ず観たし、中学生になってからはイアン・フレミングの原作にも夢中になった。

旧世代からは「ヌルくなった」「コメディーに

なった」「荒唐無稽なマンガになった」と言われた『私を愛したスパイ』だが、今でも僕は本作が一番のお気に入りだ。コネリー主演の過去作を知ってからは大人たちの批判も理解したし、観なおしてみれば「なんじゃ、このグダグダの茶番は！」と思ってしまう部分も多々あるが、それでも観なおすたびに「００７」世界を初体験したときの興奮がよみがえってくる。これまた「ヒヨコが最初に見たものを親だと思う」という「ヒヨコ効果」なのだろうが、最初に夢中になった「ボンド映画」こそが、その人にとっての「シリーズ最高傑作！」なのだろう。

　それになにより、七〇年代には一段落していた「スパイブーム」が僕ら世代の子どもたちの間で再びドカン！と爆発したのは、『私を愛したスパイ』があったからこそだ。この作品の大ヒットによって、ジェームズ・ボンドは僕らの時代でもおなじみのヒーローに返り咲いたのである。七〇年代っ子たちを夢中にさせるには、やはりあのＳＦ的な水中基地や、リチャード・キール演じる鋼鉄の歯を持つ殺し屋「ジョーズ」、「ボンドカー」に採用されたロータス・エスプリの超絶ギミックなど、「やりすぎ」の荒唐無稽な娯楽要素が必要だったのだと思う。

　そもそも「ボンド映画」は、そのときどきの流行や最新映画の人気要素などを貪欲に取り込みながらつくられてきた娯楽映画だ。評価が高い『ドクター・ノオ』（六二年）や『ロシアより愛をこめて』（六三年）にしても、あのころ『私を愛したスパイ』をクサしていた大人たちが言うほど渋い「大人の映画」になっていたかというと、そんなことはまるでなく、やはり荒唐無稽で「マンガ的」なキワモノのスパイアクションである。

イアン・フレミングの原作はさらに屈折しており、単に荒唐無稽というよりも、一種のブラックジョークじみている。どの作品も「ダンディーでエレガントな無敵のヒーローが、世界を股にかけて活躍し、各国で最高のホテルに宿泊し、最高の酒と料理を楽しみ、最高のクルマを乗りまわし、最高の美女を抱きながら、いつも最後には世界（といっても、あくまで「西側」だが）の危機を救ってしまう」という、まったくアホみたいなストーリーの連続だ。フレミングは典型的な保守主義者であり、当時にしてすでに古びていた男性優位・女性蔑視的な価値観の持ち主だといわれているが、なぜか「ボンド作品」の根底には「しょせん男の夢やら理想なんてこんなもの」といった、不気味なほど意地の悪い自虐的な冷笑のようなものがあるような気がする。どの作品も冴《さ》えない男が居眠りしながら夢見る都合のよすぎる幼稚な妄想のようなストーリーで、だから非常に甘美で快楽的なのだが、いつもどこかしらうしろ暗く、悪夢めいている。超保守主義者が描く女性蔑視的ヒーローが活躍する作品であるにもかかわらず、やたらと「ボンド」が性的拷問を受ける場面や、妙に「女性恐怖」を感じさせる「性的悪夢」のようなくだりがあるのも、なにやら非常にアンビバレントだ。シリーズ全体が、冷戦時代の資本主義社会の男性文化のマッチョな「強がり」を嘲笑《あざわら》う「悪い冗談」みたいだ。

『私を愛したスパイ』以降、シリーズは娯楽路線をさらに推し進め、次作『ムーンレイカー』は『スターウォーズ』によるSF映画の隆盛を踏まえて、とうとう宇宙が舞台となる。これにはさすがに僕も「ありゃ?」と戸惑ってしまった。続いて「原点回帰」を宣言した『ユア・アイズ・オンリー』(一九八一年)も、ダルいコメディーシーンばかりが妙に目立ち、どうも夢中になれなかった。この作品を最後に僕はしばらく「ボンド映画」の新作を観なくなってしまうのだが、大人になってからはまたファンとして復帰した。なんにせよ「ボンド」が現役で活躍しつづけてくれているのはやはりうれしい……と思ってしまう年齢になったからなのだろう。

しかし、ダニエル・クレイグの現行「ボンド」は、残念ながらどうしても好きになれない。まるで「ただの人間」であるかのように苦悩したり、逡巡《しゅんじゅん》してみせたりする「ボンド」を、いったい僕らはどんな顔で眺めればいいのだろう?

レイモンド・チャンドラーは、自らの「ボンド観」を次のように表明している。

「わたしはジェームズ・ボンドが考えるのを好まない。彼の思考などよけいである。わたしは危険なカード・ゲームをやっている彼が好きだし、半ダースほどの唇の薄い殺し屋どもに素手でたちむかって、折れた骨の山としてきれいに積みあげる彼が好きである。さらにまた、最後に美しい女を両腕にかき抱き、彼女がすでに知っている人生の事実の十分の一ほどを教えてやる彼が好きなのである」(『ダイアモンドは永遠に』評。一九五六年三月二日号『サンデー・タイムズ』)。

心に引っかかった「マッシュポテト」。

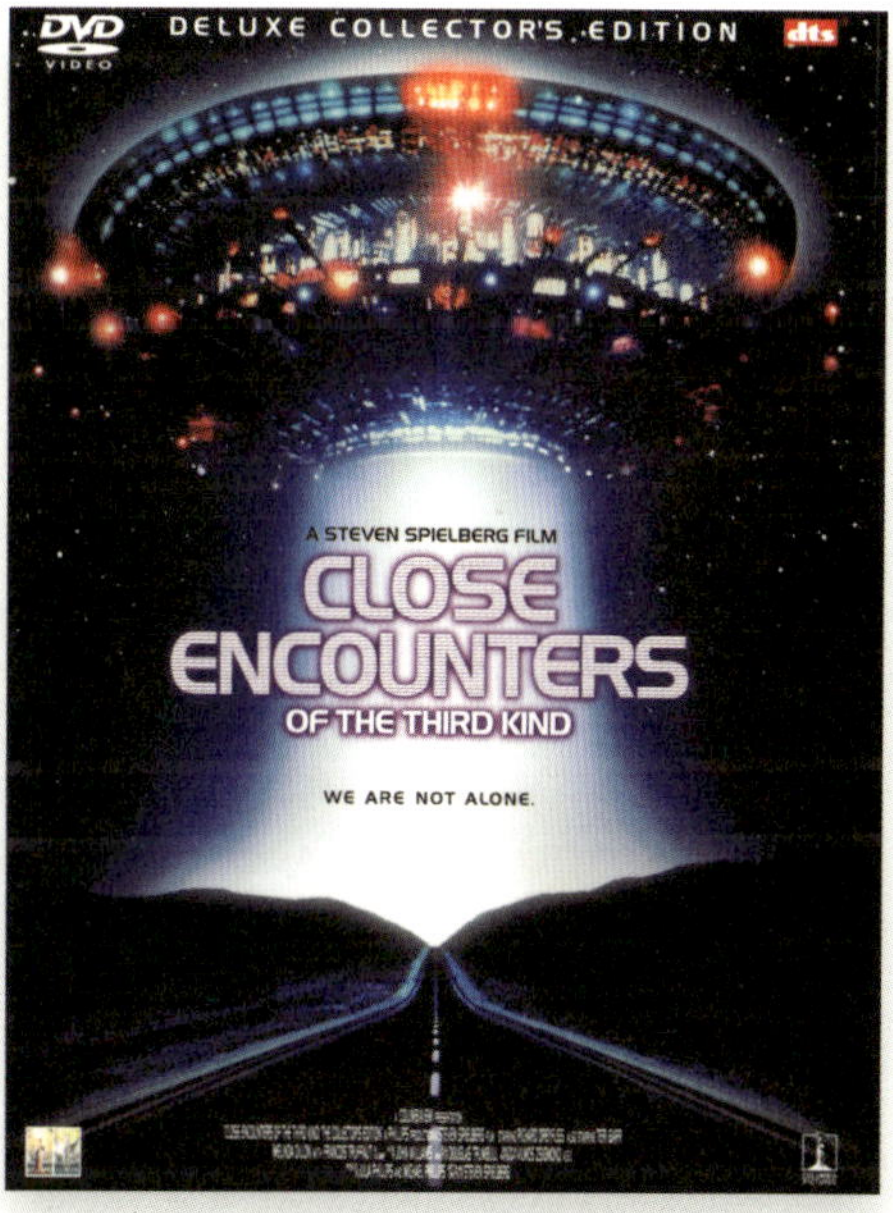

『未知との遭遇』
Close Encounters of The Third Kind

（配給：コロンビア映画／
ソフト販売：ソニー・ピクチャーズエンタテインメント）
1978年（米）／監督：スティーヴン・スピルバーグ／
出演：リチャード・ドレイファス、テリー・ガー、
メリンダ・ディロンほか

『ジョーズ』（一九七五年）も『激突』（七三年）も後にテレビで観《み》た僕にとっては、これが初めてリアルタイムで観たスピルバーグ映画だった。

また、今でも彼の映画のなかで一番好きな作品が本作だ。

しかし、一〇歳のときに映画館で観た直後の印象は、ただひたすらモヤモヤしたというか、期待していたものとはまったく違うものを観せられてガッカリして、しかし、その違うもののなかになにか妙な感じが潜んでいそう……な気がする……というようなザワザワもあり、要するによくわからなかったのである。わからないなりに、いつまでも気になる映画だった。

　記憶では、『未知との遭遇』は『ジョーズ』で世界的大ブームを巻き起こしたスピルバーグの新作であるにもかかわらず、超話題作公開時のような「お祭り騒ぎ」にはならなかった。街には大量のポスターが張りだされ、メディアも盛んに宣伝はしていたが、なんだか世間のノリが妙に悪くて、公開前の雰囲気もモヤモヤしていたような気がする。特に僕ら子どもたちの喰《く》いつきは悪かった。

　これはひとえに「遭遇」という超難解な単語が入ったタイトルと、荒れ地を貫くドライブウエイの向こうに白い光が輝いているだけの意味深なポスターのせいだったのだろう。キャッチコピーも「We are not alone.／我々はひとりではない」だけで、どんな内容の映画なのか、まったく予想がつかない。タイトルもポスターも非常に良質で上品なのだが、当時の僕らには良質で上品すぎたのだ。

　僕は確か『私を愛したスパイ』の上映時に予告編を目にして、とにかく「ＵＦＯと宇宙人の映画だ！」ということだけは把握した。それにしてはなんだかひどく地味な予告編だったが（主にクライマックスのＵＦＯ召喚シーンで、トリュフォーがサングラスをかけるあのシーンも使用されていたと思う)、これはたぶんUFO目撃や「アブダクション」(エイリアンによる誘拐)など、当時のオカルト本によく出てくるアメリカの「UFO事件」の数々を超リアルに、大人の作品として描いたものなのだろうと予想した。

この予想はおおかた当たってはいたわけだが、しかし、実際に観てみるとなんだか肩透かしを喰《く》ったような、子ども的には「なんだ、こりゃ?」という感じで、特に中盤はひどく退屈したのを覚えている。当時としては恐ろしくリアルな「UFO」遭遇シーンや、異星人とのコンタクトに関する米政府の「極秘プロジェクト」など、当時の「UFO」好きボンクラ小学生男子がアツくなる場面はたっぷり入っているにもかかわらず、軸になる部分はあくまでホームドラマで、ウジウジと悩んでばかりいる主人公と、彼の失業や家庭崩壊の過程が延々と描かれる。

映画館を出たときには「おもしろかった!」という興奮はまるでなく、かといって「つまらなかった!」と切り捨てることもできず、ただ「う~ん……」と首をひねってモヤモヤした。

一番印象に残ったのは、「UFO」登場シーンでも、最初の劇場公開版ではチラッとしか映らなかった宇宙人の姿でもなく、なぜかマッシュポテトだった。トラウマ的な「遭遇」体験によって「おかしく」なってしまった主人公が、家族との食事の席で憑《つ》かれたようにマッシュポテトをフォークでこねくりまわし、異星人から与えられた「山=デビルズタワーのビジョン」の形をつくる。その壊れてしまった夫=父の姿を見て、妻や子どもたちが無言のまま涙を流す場面だ。当時の僕はこの場面の意味というか、一種の凄惨《せいさん》さがまったく理解できなかったのだが、妙に心に残って、それからしばらくは家の食事にポテトサラダが出てくるたびに粘土遊びのように山の形をつくり、母親に「やめなさいっ！」と怒られた。

だいぶ後になって『未知との遭遇』をテレビで観なおし、「うわっ、こんな映画だったのか！」と、この作品の抜き差しならない残酷さ、ミもフタもなさに震撼《しんかん》した。そして、あのマッシュポテトのシーンにこだわりつづけた一〇歳のときの自分も、やはり無意識的に核心に気づいていたんだな、と不思議な気持ちになった。

ある体験、周囲が信じない存在を確信せざるを得なくなる体験、つまりは他者にはとても受け入れられない「信念」によって、人は社会とも、家族とも、もはや回復不能な関係の崩壊に陥ってしまう。地球上で培ったものすべてを捨てて「UFO」に乗り込み、「♪星に願いを」とばかりに宇宙の彼方に去っていった主人公の選択は、最後まで大人になれなかった男（「男になれなかった」ということでもあるのだけど）のひらきなおりだし、それは結局「ひとりの地球人の自殺」だ。しかし、それを思いっきりポジティブに、「でも、それでいいじゃないか！」と高らかに歌いあげ、まるでディズニー映画のように「夢はいつかかなう！」といったノリで感動的なハッピーエンドにしてしまうスピルバーグは、やはりちょっとどうかしてると思うし、最高に痛快だ（後にスピルバーグ本人は「あのラストは間違いだった」と反省しているようだが……）。

「パニックの次の日」を描く珍作。

『ポセイドン・アドベンチャー２』
Beyond the Poseidon Adventure

（配給：ワーナー・ブラザース／
ソフト販売：ワーナー・ホーム・ビデオ）
1979年（米）／監督：アーウィン・アレン／
出演：マイケル・ケイン、サリー・フィールド、カール・マルデンほか

なんで『ポセイドン・アドベンチャー』（一九七二年）じゃなくて『ポセイドン・アドベンチャー2』なんだよ？……と首を傾《かし》げる読者も多いと思うが、本書はあくまでも僕が子ども時代に観《み》た映画を、その当時に受けた印象の強さに応じて可能な限り正直に語っていくのが主旨なの

で、どうしても一般的な映画史における作品の重要度を無視したラインナップになってしまう。

特に七〇年代のシリーズ作品の場合、マシな作品が多い初期のものではなく、たまたま僕ら世代が映画館で観ることのできたシリーズ中盤の中途半端な作品の方が子ども心に強く印象に残っていることが多く、『ピンク・パンサー』も「3」だし、『エアポート』シリーズも「'77」だし、『ポセイドン・アドベンチャー』も「2」ということになって、なんだかわざわざ「駄作」を並べているような形になってしまうのだ。

とはいえ、僕はこの『ポセイドン・アドベンチャー2』については、今もかなり本気で「愛すべき映画」だと思っている。興行的にも失敗作だし、大ヒットした「1」のファンからは「チープなB級映画に成り果てた」とか「金もうけのためにむりやりつくった便乗続編」とか言われることが多いが、これを初めて観た小六の僕の興奮は凄《すさ》まじいものだったのだ。終映後に渋谷パンテオンのエントランスからまだ明るい渋谷の街へ出たときには、沈没寸前の大型客船からようやく青空の下へ抜けだした登場人物たちのように、なんだか心底ホッとして力いっぱい深呼吸したのを覚えている。

思えば、この作品は僕が初めて観た「パニック映画」だった。いや、『タワーリング・インフェルノ』(七五年)などはすでにテレビで観ていたかもしれないが、映画館の大スクリーンで観る「パニック映画」は、これが初体験だったはずだ。

「パニック映画」というジャンルは、プロットの構造が簡素で、簡素だからこその強烈さがあり、どんな駄作でもだいたい一定以上のおもしろさが味わえる。もちろん当時の僕が本作に覚えた興奮も「パニック映画初体験」の衝撃の大きさゆえだったのかもしれないが、いや、やはりそれだけではないと思うのだ。後にテレビで『ポセイドン・アドベンチャー』を観て、「2」よりはるかにゴージャスなスペクタクル描写に目を見張ったし、「パニック映画」の「保守本流」ともいえる力強い展開に夢中になったが、それでも「どちらが好きか?」と問われれば、今でもやはり「2」を選んでしまう。

この映画の最大の魅力は登場人物のアンサンブルだ。というか、見どころはそこしかない映画なのである。本作が「バカ映画」だといわれるゆえんは、「1」の最後で沈没した船に、積荷や乗客の金品をサルベージ(というより強奪)するため、わざわざ主人公たちが危険を顧みずに乗り込んでいくという展開にある。つまりパニックがすでに終了した状態からはじまるわけで、厳密には「パニック映画」ではなく、世にも珍しい「パニックの次の日映画」なのだ。この基本プロットは一応はポール・ギャリコの原作に忠実なのだが、確かに設定としては「アホか!」である。さらに「実は豪華客船ポセイドン号にはなぜかプルトニウムが積み込まれていたっ!」という超絶アホ展開(これは原作にはない)が明らかになると、もう大半の人は真顔で観ていられなくなるらしい。確かに沈没しかけている船のなかで、プルトニウムを巡って戦争映画ばりのマシンガンの銃撃戦が繰り広げられるシーンは、今観ると「オレはなにを観ているんだろう?」と頭がクラクラしてくる……。

しかし、そんなことはどうでもいいのだっ!カネに目がくらんで海賊まがいのことを企てる主役のマイケル・ケインの無謀さはカッコいいし、相棒のポパイみたいなじいさん、カール・マルデンも最高だ。「パニック映画」につきものの「困ったさん」役のピーター・ボイルの死に様は泣けるし、悪役テリー・サバラスは相変わらずヌメヌメと気持ち悪い。盲目のジャック・ウォーデンの存在感は重厚だし、おなじみの「テキサスおやじ」として登場するスリム・ピケンズには拍手喝采だ。「ドゥームズデイマシン」の話が出てきて『博士の異常な愛情』ネタをふったりするあたりも楽しい。

そして、なんといっても「モンキーちゃん」役のサリー・フィールド!『トランザム7000』(七七年)で七〇年代のカリフォルニアそのもののような天真爛漫《らんまん》でお転婆《てんば》なアメリカ娘を演じた彼女が、ほぼそのままのキャラで登場し、天性のコメディエンヌ力を炸裂《さくれつ》させまくる。場違いなことをベラベラとしゃべりつづけてコロコロと表情を変える一人芝居は、笑いながらもウットリと見惚《ほ》れてしまう。こういう女優は、七〇年代とともにすっかり消えてしまった(ゴールディ・ホーンとかね)。

本当に、なんてすてきなメンツを揃《そろ》えたんだろうと思うし、この連中のひとりひとりに、それぞれちゃんと大切な見せ場を用意しているのが、この映画の「良心」だ。少ないとはいえない数々のアラに目をつぶってでも、僕はこの連中に何度でも会いたくなってしまう。

「魔の三角海域」は「ただの海」だった……

『エアポート'77 バミューダからの脱出』
Airport'77

（配給：ユニバーサル映画／
ソフト販売：ユニバーサル・ピクチャーズ・ジャパン）
1977年（米）／監督：ジェリー・ジェームソン／
出演：ジャック・レモン、リー・グラント、ブレンダ・バッカロほか

僕が初めて映画館で観《み》た「パニック映画」は『ポセイドン・アドベンチャー2』だったが、とにかく七〇年代は「パニック映画」が大ブームで、どこの映画館でも大事故と大災害のオンパレードだった。特に七〇年代なかば以降は事故や災害の記録映像で構成される後期「モンド映

画」と、アレコレの動物が人を喰《く》いまくる「動物パニック映画」のブームとも重なって、映画界全体が「修羅場祭り」みたいな状況だったのだ。もちろんこうした作品はテレビでも放映され、僕ら小学生も盛りあがりまくった。『タワーリング・インフェルノ』（一九七五年）のテレビ放映の翌日など、クラスでは放課後までその話でもちきりになる。「もし今、この学校が火事になったら……」といったことを休み時間のたびに話し合い、「オレならこうやって脱出する」とか、「アイツは鈍いから一番先に焼け死ぬ」とか、阿鼻《あび》叫喚の地獄をリアルにシミュレートしながら楽しんでいた。

印象に残っている「パニック映画」をザッと思いだしてみると、『日本沈没』（七三年）よりも地味」と思った記憶がある『大地震』（七四年）、「パニック映画」だと思って観たらシブいハードボイルドだった『サブウェイ・パニック』（七五年）、「細菌列車疾走！」に興奮したけど政治的背景が当時の僕には難しすぎた『カサンドラ・クロス』（七六年）、チラシがめちゃめちゃカッコよかった飛行船爆発事故の『ヒンデンブルグ』（七六年）、今観ると当時以上のリアル感を覚えるかもしれない銃乱射事件の『パニック・イン・スタジアム』（七七年）、遊園地連続爆破事件の『ジェット・ローラー・コースター』（七七年）……。

おもしろかったものから、あんまりそうでもなかったものまで枚挙にいとまがないが、「パニック映画」の最長寿シリーズであり、テレビで何度も放映されて子どもたちの人気も高かったのが、かの『エアポート』シリーズである。

　第一作目の『大空港』（七〇年）は「パニック映画」というより、いわゆる「グランドホテル」（群像劇）形式のオールスターキャスト映画。過激で退廃的なアメリカン・ニューシネマの台頭で年配の観客や家族客をすっかり失ってしまった当時のハリウッドが、市場の立てなおしを図って企画した「大人たちや家族連れが楽しめるゴージャスな映画」の一本だった。この路線をさらに娯楽方向へシフトさせたのが、大ヒットしたシリーズ第二弾『エアポート'75』（七四年）だ。スター総出演の「パニック映画」の基本形ともいうべきスタイルで、以降の『タワーリング・インフェルノ』などもこの形を踏襲している。

　飛行中のボーイングの操縦席に小型機が突っ込んでくる！という珍奇な事故は確かに「あるわけねーだろ！」なのかもしれないが、子どものころは本気で怖かった。しかし、それより印象的なのは、『エクソシスト』（七四年）の世界的な大ヒットを受けて、「特別ゲスト！」という感じで出演しているリンダ・ブレアである。病気の少女という設定で終始シートに「寝たきり」なのだが、『エクソシスト』後半のベッドに「寝たきり」をあからさまに連想させる役を押しつけられているのだ。また、彼女はギターを抱えているのだが、物語の序盤、飛行機が飛び立つ直前にこのギターのサウンドホールの暗い奥へとゆっくりカメラが近づき、怪しい音楽とともに画面が真っ黒になってしまう不吉なシーンがある。これから起こる恐ろしい事故を暗示させる場面のつもりらしいが、『エクソシスト』感を強調した不要なホラー演出のせいで、まるでリンダ・ブレアにまだ悪魔が憑《つ》いていて、事故は彼女のせいだといわんばかりだ。せっかくキュートな芝居をしているのに、完全に「エクソシスト要員」としてしか起用されていないリンダ・ブレアが不憫《ふびん》でならない。

シリーズ中、僕が一番ワクワクと期待して観たのが、第三弾『エアポート'77バミューダからの脱出』だった。キャッチコピーは「謎のバミューダ海域に不時着！　海底に沈んだジャンボ機から決死の脱出なるか？」。これで当時の男の子たちが興奮しないはずがない。船や飛行機が消失する事件が相次いで起こっていた「バミューダトライアングル＝魔の三角海域」は、オカルトブームのあのころ、小中学生の間では最もアツい話題のひとつだった（実際は謎の消失事件など起こっていなかったらしいが）。四次元の入り口かもしれない！といった説まである海域に飛行機が突入するという設定は、考えただけでもドキドキしてしまう。「パニック映画」にオカルトとＳＦの要素がトッピングされ、これはもうとんでもなくスリリングな作品なのではないか？と思ったのだ。

しかし実際に観てみると、単に飛行機が海に沈みかけちゃって大変でした……という映画だった。「バミューダ海域」という言葉はセリフに一、二度は出てきたと思うが、特に不思議な場所とされてるわけでもなく、ただの海である。もちろん四次元がどうのといった話はいっさいなし。オカルト要素はゼロなのだ。これなら「三浦海岸沖に飛行機が沈む話」でもおんなじじゃないか！金返せ！と叫びたくなった。テレビでタダで観てたけど。

「インベーダー」なんて出てこない!

『Mr.BOO!インベーダー作戦』
賣身契

（配給：東宝東和／
ソフト販売：ユニバーサル・ピクチャーズ・ジャパン）
1979年(香港)／監督：マイケル・ホイ／
出演：マイケル・ホイ、サミュエル・ホイ、リッキー・ホイほか

この映画については、いまだにどうもよくわからない。というか、一九七九年あたりに瞬間的に盛りあがった『Mr.BOO』シリーズのブームがいったいどういう現象だったのか、昔も今もよくわからないのだ。わからないなりに、僕らは「ミスター・ブー! ミスター・ブー!」

とただはしゃいでいた。

当時、とにかくテレビでは盛んにCMが放映され、ラジオからは第一作のテーマソング「半斤八両」が流れまくり、僕もクラスのみんなと「♪おれりばちゃ〜ちょいちゃい〜」などと、いい加減な中国語で歌っていた。クラスのなかには、チラシの裏の「Mr.BOO十カ条」(このシリーズのチラシには、毎回「BOO人間になるための十カ条」といった意味不明のふざけた格言みたいなものがついていた)を暗記している熱狂的なファンもいた。

そうやってはしゃぎまくっていたが、結局のところ、僕ら小学生はブームの概要についてはは誰ひとりわかっていなかったのだと思う。『Mr.BOO』シリーズが本来はシリーズ作品ではなく、マイケル・ホイ(ホイ兄弟)の主演作を日本で勝手に『Mr.BOO』というポップなタイトルでまとめ、シリーズであるかのように上映していた、ということさえ知らなかった。ただなんとなく「香港のドリフ!」みたいなものとして楽しんでいたのだと思う。また、ブームを支えていたのは高校生くらいの若者たちで、僕らからするとお兄ちゃん世代の「ヤング」なカルチャーを背伸びして楽しんでいるようなところもあり、ラジオの深夜放送文化への憧れと同じようなテイストも感じていた。

とにかく、日本で配給した東宝東和のちょっとインチキくさい仕掛けのしかたが、いつもながらにうまかったのだろう。それにしても、なぜあれほどまでにみんなが熱狂していたのか、やはり今でもさっぱりわからない。

僕は一作目の『Mr.BOO!』は観《み》ていない。興味をひかれたのは二作目の『インベーダー作戦』だった。言うまでもなくタイトーのアーケードゲーム「スペースインベーダー」がまさに列島を「侵略」してしまうほどのブームになっていた時期に公開され、チラシやポスターの印象から、僕は「スペースインベーダー」をテーマにしたSFコメディーのようなものなのだろうとイメージしていた。だって、キャッチコピーは「全宇宙に緊急警報発令　打ち上げ失敗？BOOはまだ地球にいる！」だったし、広告にはインベーダーのコスチューム（なのか？）を身に着けたマイケル・ホイのイラストが描かれ、「スペースインベーダー」のゲーム画面をモチーフにしたデザインが施されていたのだ。「これはおもしろそう！」と思うのは当然である。というわけで、例によって母親を説き伏せて映画館に連れていってもらったのだが……。

つまらなかったというより、つまらなすぎて内容がほとんど頭に入ってこなかった。覚えているのは、宇宙人風の衣装を着た主人公たちが踊る場面があったことと、ハトの串焼きがおいしそうだった……ということだけである。

東宝東和という会社が、映画の宣伝に利用できるものであればどんなものでも、たとえそれが作品とはなんの関係のないものであっても、最大限に宣伝に活用しまくるワイルドでアナーキーな興行主であることを、もちろん当時の僕は知る由もなかった。『インベーダー作戦』は「スペースインベーダー」とはまったく関係のない映画で、単に東宝東和が列島を席巻している「インベーダー現象」を強引に利用しただけなのである。作中に「宇宙人風の衣装」で踊る場面があることから、「よし！　じゃあ、インベーダーブームにかこつけて宣伝しちゃおう！」ということになって、邦題からポスター図案までを「インベーダー仕様」にしたのだろう。

こちらはまんまと一杯喰《く》わされたわけだが、しかし、こういうインチキくさくて痛快なテキ屋的手段がちゃんと通用し、あろうことかキッチリとブーム化してしまうあの時代の映画界は、本当に自由で楽しかったんだなぁとも思う。

この映画を観たとき、ぼくは六年生になったばかりだった。上映前、母親と映画館の座席に座っていると、うしろから「おーい」と誰かが呼ぶ。ふり返ると、クラスの友達が三人ほどいて、こちらに手をふっていた。母親が「友達が来てるなら、みんなと一緒に観たら？」というので、僕は席を移動し、クラスメイトたちの隣に座った。我が家は「中学生になるまでは、子どもだけで映画館に行ってはダメ！」ということになっていた。友達の手前、僕だけが母親と映画を観にきていることがなんとなく恥ずかしくて、上映中もあまり映画に集中できなかった。その居心地の悪さも、本作が「つまらなかった」要因になっているのかもしれない。

僕にとって映画を観ることは、長らく「親と一緒の日曜日のお出かけ」という特別なイベントだった。しかし、そういう「子どもとしての映画鑑賞」の時期にそろそろ終わりが見えてきたのが、この七九年あたりだったのだと思う。

戦後ポップカルチャー最大のビッグバン!

『スター・ウォーズ（エピソード4 新たなる希望）』
Star Wars（EpisodeⅣ A New Hope）

（配給：20世紀フォックス／
ソフト販売：20世紀フォックス・ホーム・エンターテイメント・ジャパン）
1978年（米）／監督：ジョージ・ルーカス／出演：マーク・ハミル、
ハリソン・フォード、キャリー・フィッシャーほか

僕ら世代がリアルタイムで体感してきた映画史における最大のビッグバンといえば、やはり『スター・ウォーズ』ということになると思う。

話題の大作が鳴り物入りで公開されると日本全国が「祭り」のような狂乱状態になることが七〇年代は多かったのだが、それでも『スター・ウ

ォーズ』が巻き起こした狂乱は前代未聞の規模の「祝祭」だった。それは単に映画界における騒ぎの範疇《はんちゅう》をはるかに超えて、ポップカルチャー全体を「構造改革」してしまうようなものだった。以降の映画に多大な影響を与えたことは言うまでもないが、『スター・ウォーズ』以前にはほとんど見られなかった「関連グッズの販売」という新しいビジネスモデルの「発明」によって巨大な市場が創出され、子ども・若者世代の「消費の場」の全体に影響は波及した。さらにはアニメやコミックはもちろん、ポップミュージックなどにまで影響は及び、つまりは『スター・ウォーズ』以前と以後とでは「若者文化」がまるごと違うものになってしまうほどの衝撃力を持っていた……なんてことはわざわざ解説されなくても、当時の子どもなら誰もが肌で実感していたことだと思う。

僕は待ちに待った『スター・ウォーズ』を渋谷東宝で観《み》たとき、文字通り「見たことのないものを見た！」という驚きに、本当にクラクラとめまいがしてしまった。従来の「特撮」とは格段にレベルが違う映像表現と、なによりも兵器やドロイドなどの無数のメカや、数々の魅力的なクリーチャーたち、基地などの建造物や内部のインテリア、登場人物の衣装や持ちもの、荒野や街の描写に至るまで、画面に映るモノすべての「新しいっ！」という感じに、魅了されるというよりも戸惑った。それまでなかった発想による「新しさ」が画面のあちこちにギュウギュウに詰め込まれているので、それらを脳が処理しきれずに混乱してしまったのである。

僕ら世代が『スター・ウォーズ』体験を語るときには誰もが口にすることだが、あの黄色いロゴと舞台設定を解説するテロップが画面の向こうへ流れてゆくオープニングの直後、想像を絶するほど巨大な「スター・デストロイヤー」が頭越しに飛んでいく場面で、いきなり僕らは「な、な、なんだ、これは？ どうなってるんだ？」と一種のパニックに陥ったのである。

このパニックは、『スター・ウォーズ』の絶対的な「新しさ」による厳しい洗礼だった。この洗礼を受けてしまうと、『スター・ウォーズ』以前の、特に同ジャンルのSFやファンタジー映画は、もう真顔で観ていられないほどに古臭く思えてしまう。たった一年前に、僕が心底夢中になったハリーハウゼンの『シンドバッド虎の目大冒険』などは、なんだか急に「大昔の映画」のように思えて、早くも歴史の彼方へと遠ざかってしまったような気がした。少なくとも、それが当時の僕の実感だった。

今考えてみると、『スター・ウォーズ』はひとつの「断絶」だったのだと思う。あのときに、歴史的に、時代的に、文化的にひとつの亀裂が走ったと思うのだ。もう後戻りはできないような時代の変わり目に、僕らは知らず知らずに直面していたのだろう。八〇年代を目前として、映画はもちろん、ポップカルチャーのすべてがもう時代に不可逆的な大きな変化が起こって、それ以前のものとはまったく変わってしまった。その先触れのようなものが、『スター・ウォーズ』だったような気がする。

まったく意味のない想像だが、『スター・ウォーズ』は確かに革新的でエポックな作品だったが、たとえもしこれがなんらかの理由で製作されなかったとしても、同じような機能を持った作品が誰かによってつくられていたのではないか？……という気がする。六〇年代に立ちあがった「若者文化」は、先鋭的なサブカルチャー、いや、カウンターカルチャーとして、世界大戦をやらかし、さらには「人類滅亡寸前！」の冷戦時代をもたらした父親世代と、そうした旧世代がまとうすべての権威に対する反抗期的な「攻撃」を存在理由としていた。七〇年代にはそれが自虐的な「退廃」にまで行き着いて、出口のない袋小路でのたうっていた。映画でいえば「破滅の美学」ばかりを描くようになったアメリカン・ニューシネマ、音楽でいえば「ウッドストック」以降のロックのドン詰まりだ。この状況を完全に打開し、アッケラカンとした「娯楽」を復権させたのが『スター・ウォーズ』だったのだが、たとえこの作品がなかったとしても、「時代の要請」は別のなにかを用意し、やはり否定の時代を肯定の時代に、絶望の時代を希望の時代に、暗さを明るさに、重さを軽さにすり変え、「ポップで陽気な八〇年代」を用意したのではないか？

目もくらむような『スター・ウォーズ』体験を経て渋谷東宝の映画館から明るい道玄坂へ出たとき、「わぁ、すごかったぁ！」という素直な驚きとともに、僕には「あれ？」という妙な引っかかりがあった。この「あれ？」については、『帝国の逆襲』（一九八〇年）の項で言葉にしてみたい。

『スター・ウォーズ』を凌《しの》ぐ本格SF大作?

『宇宙空母ギャラクティカ』
Battlestar Galactica

(配給:ユニバーサル映画=CIC/
ソフト販売:ユニバーサル・エンターテイメント)
1979年(米)/監督:リチャード・A・コーラ/
出演:リチャード・ハッチ、ダーク・ベネディクト、
ジェーン・シーモアほか

『スター・ウォーズ』でみんなが大騒ぎした翌年、「『スター・ウォーズ』を凌ぐSF超大作!」というノリで公開されたのが本作である。

特に話題となったのが「驚異の特殊音響センサラウンド方式での上映!」。チラシやポスターにも「驚異のサウンドが宇宙へとんだ!」と、なんだかよくわからないがスゴそうなキャッチコピーがデカデカと自慢げに掲載されていた。

「センサラウンド」とは一九七四年に開発された特殊音響システム。要するに重低音を極端に強調した音響設備で、爆発のシーンなどで館内がビリビリと振動したりするわけだ。

当時、こうした特殊な新音響システムをウリにした作品が多く、『サスペリア』（七七年）などの「サーカムサウンド」、『テンタクルズ』（七七年）の「トレンブルサウンド」、『フェノミナ』（八五年）の「クランキーサウンド」など「驚異の音響！」がいろいろあった。が、劇場の環境によって効果が感じられなかったり、そもそもハッタリにすぎなかったりして、どの方式も短命に終わっている。


「『スター・ウォーズ』を凌ぐ！」といわれたら、当時の小学生男子としては観ないわけにはいかない。僕はあまり乗り気ではなかった母親を説き伏せて、公開直後に映画館へ連れていってもらった。この時点でなんとなく嫌な予感はしていたのだ。「『スター・ウォーズ』を凌ぐ！」はずの大作であるにもかかわらず、『ギャラクティカ』についてメディアはそれほど騒がず、周囲ではあまり話題になっていなかった。クラスでも三人くらいしか観ていなかったと思う。

内容はほとんど覚えていない。印象に残っているのは、「この人が主役かな？」と思っていた威勢のいい若者が、冒頭でいきなり敵に攻撃されてあっさり死んでしまったこと。あと、ピカピカと安っぽく光るステンレス流し台みたいな宇宙人が出てきたこと。それと、『シンドバッド虎の目大冒険』のジェーン・シーモアが相変わらずきれいだったこと。全体的に「なんだかタルいなぁ……」という感じで、要するにつまらなかったのだ。

これがアメリカのテレビドラマを劇場用に再編集したものだったことは、だいぶ後になってから知った。当時は海外の「テレビ映画」を劇場用作品としてシレッと公開する興行は、よくあるパターンだったのだ。

この原稿を書くにあたって、実に四〇年ぶりで観なおしてみた。「つまんない」という印象しかないので最初からウンザリした状態で観はじめたが、いや、ちょっとビックリしてしまった。テレビドラマとしては、特撮が破格のクオリティーなのである。『スター・ウォーズ』と比べるのは酷だが、当時の一般的な劇場用SF映画にも引けをとらないデキだ。で、物語は極めてハードド。『スター・ウォーズ』の二番煎じ的なスペースオペラではなく、かなり絶望的な状況を描いた宇宙戦記ものである。和平交渉をダシに使った謀略的奇襲攻撃、味方側内部に渦巻く陰謀、難民問題や階級問題までも描くシビアな「戦争映画」であり、当時の僕が「つまんない」と思ったのは、このストーリーの複雑さにあったようだ。前半で人類がほぼ絶滅してしまう展開もスゴイが、こうしたSF映画で宇宙船による都市部の「大空襲」シーン、しかも逃げ惑う市民たちが大量に死んでいく場面をモロに見せる作品って、あまり例がないような気がする。「おもしろいのか?」と聞かれると微妙だが、力作であることは間違いない。

「完全無欠」な テクニカラーの悪夢!

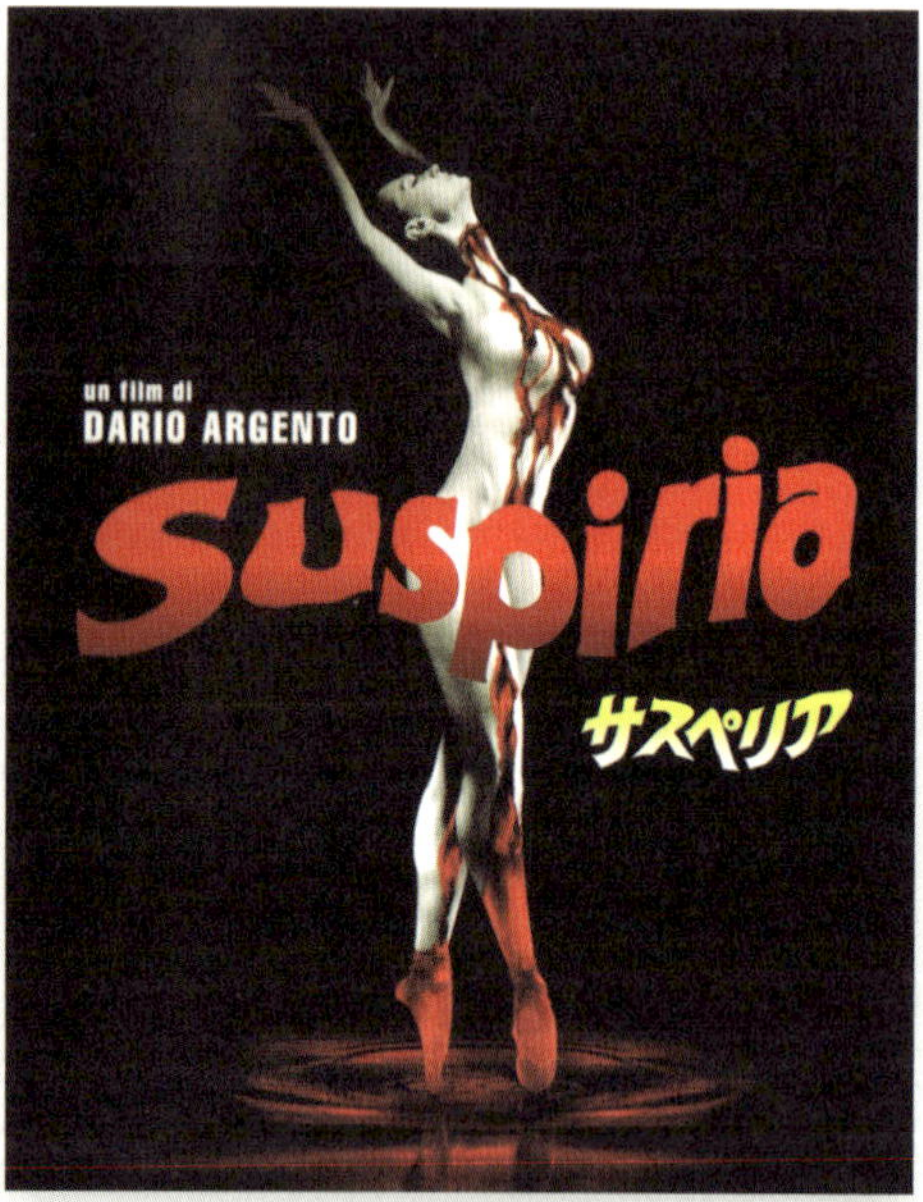

『サスペリア』
Suspiria

(配給:東宝東和/ソフト販売:ハピネット)
1977年(伊)/監督:ダリオ・アルジェント/
出演:ジェシカ・ハーパー、アリダ・ヴァリ、
ジョーン・ベネットほか

「一番好きな映画はなにか?」という質問は、そう簡単には答えられないし、そもそもあんまり答えたくもないし、いつ誰に尋ねられるかで答えも変わってきそうなので、結局はひどく馬鹿げていて不《ぶ》躾《しつけ》な質問だと思うのだけど、僕の場合、「一番好きな映画」について正直に考えて

みると、候補はたぶん六本くらいあって、そのなかに常に含まれているのが、この『サスペリア』だと思う。少なくとも、今までに繰り返し観《み》た回数がもっとも多い作品だ。

あまりにも好きな映画については、もうなにも語れなくなってしまうし、語ろうとしても馬鹿みたいな内容になってしまう。それを覚悟で書いてみると、要するに本作は本当に「完全無欠な映画」なのだ。何度観ても支離滅裂で脈絡がなく、もちろんダリオ・アルジェントの作品に整合感などがあった試しはないのだけど、特にこの『サスペリア』は、狂おしいほどにギラギラと艶めく美しい色のほとばしりと、暴れまわる獣のような音、誰もが幼児のころに暗闇の向こうに見てしまう邪悪、人形のように可憐《かれん》な少女たちの不可解な表情、そして嘘っぽいほどに真っ赤な血で染めあげた惨劇のイメージが、ただ万華鏡のようにくるくると回りながらめくるめく紋様の連続を形成するだけで、ほかにはなにもない。なのに、「世界のぜんぶ」がここにあるような充足感に満ちている。いつか見た夢のようで、しかし、それは間違いなく「悪夢」なのだが、いつまでも浸っていたいと思わせる「悪夢」なのだ。そこから出たくないと思ってしまう幸福感に満ちた心地よい「悪夢」というのは、どう考えても狂った発想だが、『サスペリア』は、それを観ている間だけ、人を心地よく狂わせてしまう。ドラッグのような、いや、「魔術」のような映画、としか言いようがない。

何度観なおしても「この場面でどうしてこんなに高揚するんだろう?」と思う不可解なシー

ンの連続だが、特に僕が観るたびに「さっぱりわからない！」と思いながら鳥肌を立ててしまう箇所がふたつあって、ひとつは冒頭。妙に冷淡なナレーションに続いて「スージー」がドイツに到着する場面だ。もちろんまだなにも起こってないし、ただ主人公を演じるジェシカ・ハーパーが空港のロビーを歩いて登場するだけのシーンが、なぜかいきなりクライマックスのような「惨劇の真っただなか！」のごとく演出される。

幾何学的で不吉なゴブリンの音楽、なぜか過剰なほどの不安を漂わせる「スージー」の表情、ただの通行人だが、どう見ても不自然な赤いドレスの女（とダリア・ニコロディ！）、単に空港の自動ドアが開閉しているだけだが、その可動部分をアップにし、ギロチンのような残虐な「機械」が冷酷に作動しているかのよう見えてしまう意味不明のショット。そして「スージー」が空港の外へ一歩出ると、雷鳴轟《とどろ》く嵐の夜だ。

まるでドイツ全体が巨大な「地獄」であり、アメリカ娘が彼の地に降り立った時点で、機械仕掛けの「地獄」が轟音《ごうおん》をあげながら作動しはじめたかのような禍々《まがまが》しさ。そして、あの「本物の幽霊が映っている！」と当時は話題になったタクシーのシーン……と描写していくと、映画をまるまる一本語ってしまいそうなのでやめておくが、この息もつかせぬ、といっても、どうして息ができないのかさっぱりわからない意味不明の緊張感の持続は、最初のド派手な惨劇、可憐な「パット」とその友人が惨殺される美しくもグロテスクな鮮血のスペクタクルによって、ようやく終了する。映画はいったん落ち着きを取り戻し、素知らぬ顔ではじまりなおすのだ。

「なんなんだよ、このバランスは！」と観るたびに驚いてしまう。そして、映画的な感動というものには、ストーリーも、意味も、設定も、脈絡も、まして感情移入とやらも、本当はまったく必要がないのだ、というあたりまえのことを、あらためて痛感してしまうのである。

もうひとつ、やはり観るたびにわけがわからなくなってしまうのは、誰もが語る「青いアイリス」の場面だ。アルジェントは「誰かがなにかに気づく」というシーンを描く天才である。しかし、ここにも脈絡や意味はない。解説可能な秀逸な技巧すらもない。アルジェント映画で主人公たちに提示される重要な「謎」は、たいていの場合、とっくの昔に観客の前に堂々とさらされている。主人公だけが見落としているか、もしくは観客も同じく見落としてしまっているのだが、どちらでも同じことなのだ。なぜなら何度観返してもアルジェント映画の「気づき」は理由もなく感動的で、「謎」を見落としていようといまいと、なぜか登場人物たちと同時に「気づき」の興奮に総毛立ってしまうのである。

すでにわざとらしいほどに何度も提示される「謎」を解く鍵であるはずの「青いアイリス」を、「スージー」がふと思いだす。そのとき、彼女の背後の壁には問題の「青いアイリス」が不自然なほど鮮やかに配置され、それは彼女の正面の鏡のなかにも青い花びらを艶やかに映している。カメラが鏡にズームして花がアップになると同時に、ビスクドールのガラス玉の瞳のようなジェシカ・ハーパーの大きな目がさらに大きく見開かれ、「ハッ」とふり返る。ここでいつも「あっ！」と声をあげそうになってしまう。

なぜこれだけのシーンがこうも感動的なのかさっぱりわからないが、これをきっかけに世界が変わってしまうような気がして、両腕と背中に鳥肌が立ち、意味不明の涙が出てくる。

「スージー」が花に触れて「地獄の扉」が開いて以降は、もう夢見心地である。この「完全無欠な映画」にもし欠点があるとすれば、この先にある実質的なクライマックスの数十秒間だろう。魔女「ヘレナ・マルコス」との対決シーンは、突如、作中で初めて場面が意味と脈絡に縛られてしまう。そりゃそうだ。コイツを倒さないと映画は終われないのだから。永遠に終わらない映画を撮りつづけるわけにはいかないのだ。通常なら重要な見せ場になる終局シーンだが、アルジェントはほとんど興味を持っていない。意味と脈絡など、彼にはどうでもいいのだ。さっさと切りあげてしまう。そして、物語の舞台そのものの破壊と炎上。爆発と倒壊が続く危険なセットのなかで、本気で怯《おび》えているようにしか見えないジェシカ・ハーパー（本気で怯えていたらしい）が脱出し、この地獄版『不思議の国のアリス』はついに終わってしまう。いつまでもいつまでも終わらないでほしかったのに！

よく議論になるラストショットのジェシカ・ハーパーの意味不明な安堵の笑顔は、「カット！」の声がかかった後にスタッフの誰かに向かって笑いかけた映像をそのまま残しただけのようにも見えるし、僕らに向かって「馬鹿ね、終わってないのよ」と言っているようにも見える。

『サスペリア』と『13月の悲劇』

『サスペリア』については、僕ら世代の間では古くから語り草になっている謎がある。

美内すずえ……といえば、もちろん代表作は『ガラスの仮面』だが、彼女の初期作品（おそらく彼女が最初に手がけた恐怖マンガだと思うのだが）に、『13月の悲劇』という中編がある。これが完全に『サスペリア』なのだ。「似ている」とかいうレベルではなく、まるごと『サスペリア』なのである。全寮制の学校に主人公が入学したら「ここは魔女の学校だったんだ……！」という展開で、厳格で邪悪な教師たち、生贄《いけにえ》、怪しげな魔術的儀式、散りばめられるサタニズムやオカルト用語などで構成される作品の根幹は、本当にまるっきり「同じ話」だ。

しかも！　主人公のお父さんは有名な映画俳優。国際的な映画スターの娘が全寮制の学園に転校してくるという設定は、これもアルジェントの傑作『フェノミナ』（1985年）のジェニファー・コネリーではないか！

話題のホラー映画が日本の恐怖マンガにパクられる、という話はよくあるが、この『13

COLUMN

月の悲劇』の発表年は、『サスペリア』本国公開の六年も前の七一年なのであるっ！

二作品の類似はとても偶然とは思えないが、かといって美内すずえの初期作品が当時のイタリアで入手できたとも思えない。これこそ「超自然」なユング的現象なのかと首をひねってしまうが、しかし、アルジェントはあるインタビューで「ジェシカ・ハーパーはまるで日本のマンガに出てくる美少女のように大きな目をしている。だからスージー役に起用したんだ」といった発言をしていた。公開時も僕ら小学生の間で、ジェシカは「まるで楳図かずおの恐怖マンガの主人公みたいな顔」と評されていた。確かにスージーのたたずまいは、あまりに七〇年代の日本の恐怖マンガ的美少女に似すぎている気もする。

『サスペリア』のストーリーにはダリア・ニコロディが大きく貢献しており、彼女はプロットを構成するために古今東西の魔女とオカルトに関する文献を集めまくったらしいが、ことによったらトマス・ド・クインシーの作品などの資料のなかに、美内すずえのマンガも含まれていたのだろうか？

『13月の悲劇』（美内すずえ・作／集英社／1973年）

ブルース・リーとはなんだったのか?

『燃えよドラゴン』
Enter the Dragon

(配給:ワーナー・ブラザース/
ソフト販売:ワーナー・ホーム・ビデオ)
1973年(香港・米)/監督:ロバート・クローズ/
出演:ブルース・リー、ジョン・サクソン、ジム・ケリーほか

僕ら世代にとってはもはや説明不要。当時の男の子たちのバイブル的映画である……なんてことをついつい言ってしまいそうになるが、僕としては本作を語るとなると、世代的にも、また個人的にも、ちょっといろいろややこしい。

いや、確かに僕にとっても『燃えよドラゴン』はバイブル的な特別な映画なのだ。というより、ブルース・リーという人は、「人」とは呼び難いような現実的存在を超えた「なにか」で、この『燃えよドラゴン』という映画がどうのといった話ではなく、主演作個々のデキがどうのという話でもなく、役者として、さらには格闘家としての（そっち方面のことは僕にはまったくわからない）、という話でもさらさらなくて、なにかひとつの概念や思想、あるいはエネルギーのようなものが、人間の「肉体」に化身した「なにか」……なのである。それがどんなものなのかは、要するに僕には説明ができないのだけど、とにかくわかっているのは、ひたすら「人を鼓舞する」だけの「なにか」なのだ。理由もプロセスも不明だが、とにかく誰もがブルース・リーを目にすれば圧倒的に「鼓舞される」。それだけだ。どっちの方向にどのように「鼓舞される」かは、観《み》た人の生きてきた軌跡と現在の環境によってどうとでも変わるので、もはや映画とか表現とか娯楽とか文化の話ではない。「生きる」ことの問題なのだ。これはもう本書で扱う話題の範疇《はんちゅう》を超えている。

とにかく僕の人生にも、毎年何度かは個人的なブルース・リーの大ブームが周期的に訪れるので、そのたびに遺《のこ》された作品を観て、そのたびに「鼓舞され」つづけている。

『燃えよドラゴン』公開時の一九七三年は僕は小一で、世間がブルース・リーのブームに沸いていたのはなんとなく知ってはいたが、僕はリアルタイムでは観ていない。周囲の子どもたちもそうだったと思う。クラスでブームが巻き起こったのは翌年、『ドラゴン危機一発』以降の作品が日本で公開されたあたりからだったと思う。男子の多くが実際にスクリーンでブルース・リーを目にして夢中になり、連日のように「アチョ～ッ！」という怪鳥音をあげながら「ブルース・リーごっこ」をしていた。

そうそう、このタイミングで町内の「少林寺拳法教室」に通うヤツも出てきて、女の子までが何人か通ってたな。カンフーシューズを学校に履いてきて、みんなに自慢してる子もいた。

そして、もちろんヌンチャク！『少年マガジン』とかの通販ページで本物の樫《かし》製ヌンチャクを買ってふりまわし、案の定、眉間のところをザクリと切っちゃう馬鹿もいた。

で、僕も「アチョ～ッ！」とやって遊んだり、縁日で買ったポリ製のヌンチャク（ブルース・リーの顔の刻印が入ってた）で高速回転の練習を必死でやったりしていたのだが、しかし、映画本編は観ていなかった。テレビの特集とかで流れる映画の断片と、あとはブルース・リーの便乗子ども番組『闘え！ドラゴン』（七四年。倉田保昭！）のマネをしていただけだ。

当時、確か日曜日の昼間にやっていた日テレの「ＴＶジョッキー」だったと思うけど、番組内の新作映画紹介コーナーで『燃えよドラゴン』を扱ったことがあって、それがブルース・リーを目にした最初だったと思う。あの「鏡の部屋の死闘」がちょっと流れたが、僕がイメージしていた「カラテ映画」とはまったく違った異様な印象で、なんだかザワザワした。観たいなとは思ったが、ウチはこういう「血の出る映画」はまずNGなので、親にねだることもしなかった。

だから、僕がちゃんとブルース・リー映画を観たのはずいぶん後、『燃えよドラゴン』が最初にテレビ放映された七九年だと思う。遅ればせながら圧倒され、どうしてみんながああも夢中になって、いきなり「少林寺拳法教室」に入門しちゃう慌て者や、ヌンチャクで頭を縫うほどケガをしちゃうオッチョコチョイが続出したのか、やっと本当にわかった気がしたのだ。

僕にとってブルース・リーは今も「人間以上」の謎の存在だが、当時からあまりにも謎めいていた。僕らが夢中になった時点で、すでに彼はこの世にいなかったのだが、僕ら小学生の間では情報が錯綜しており、「いや、生きてるよ。今度、新作やるし」とか言うヤツもいたりして、誰もが知っているにもかかわらず「いるのかいないのかがわからない存在」だったのだ。

『怒りの鉄拳』（七四年）のラストシーンで本物の拳銃で撃たれて死んだんだ」という謀殺説もまことしやかに囁《ささや》かれ、もちろんこれは『死亡遊戯』（七八年）で使用された設定なのだけど、それを僕らは半分信じたりもしていたのだ。

思えば、ブルース・リーは僕らにとって現実に存在する人間ではなく、最初から「spirit」、つまりは「魂」であり、「精神」であり、そして「亡霊」だった。「spirit」には「息吹」という意味もある。「大いなるものの息」。僕らを「鼓舞する」ための生命の息吹そのものだ。まさに僕らの時代の「伝説的存在」である。

44マグナムの洗礼。

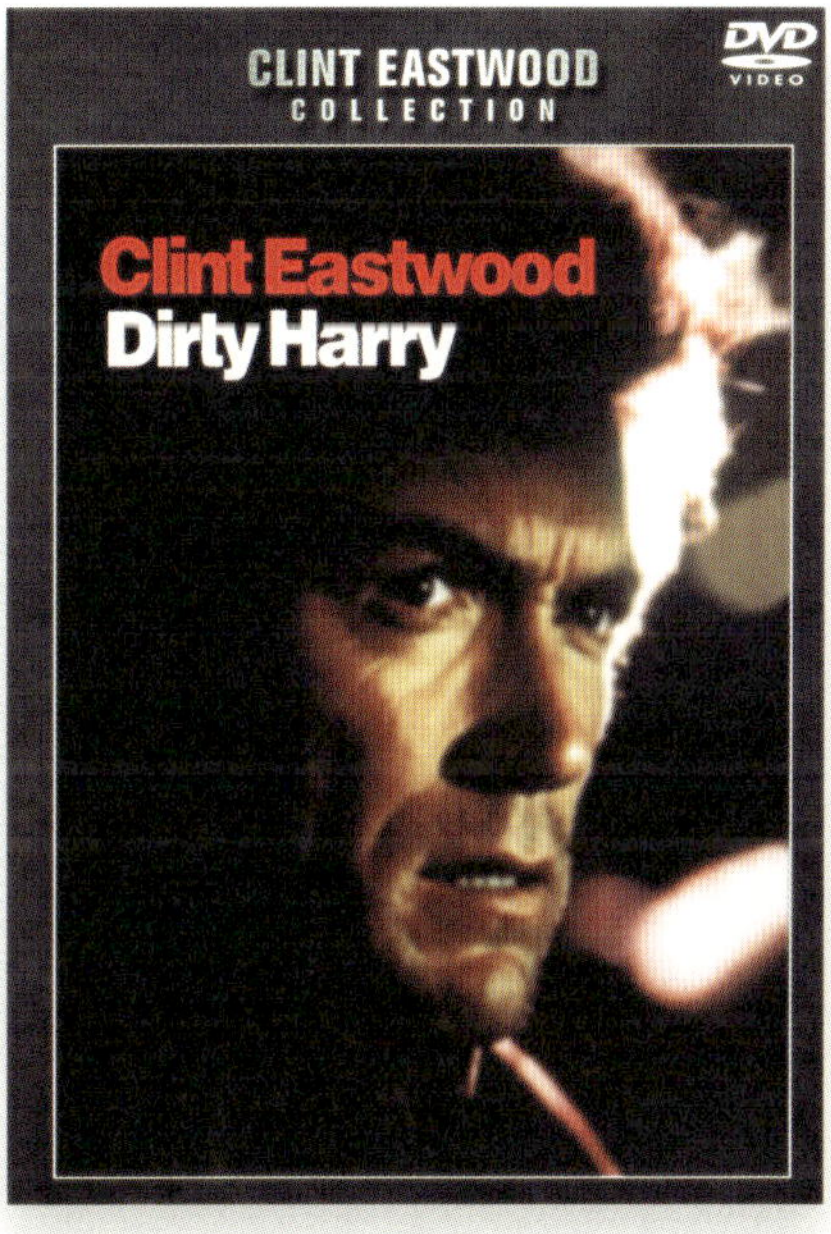

『ダーティハリー』
Dirty Harry

（配給：ワーナー・ブラザース／
ソフト販売：ワーナー・ホーム・ビデオ）
1972年（米）／監督：ドン・シーゲル／
出演：クリント・イーストウッド、アンディ・ロビンソン、
ハリー・ガーディノほか

クリント・イーストウッドは、僕らの時代の映画史そのものだ。僕ら世代が年端もいかない子どもとして映画を観《み》はじめてから、驚くべきことに現在に至るまで、俳優として、監督として、常に寄り添うようにそばに立っていた。映画における先生、もしくは父親のような存在だ

った。この四〇年間、僕が映画と、そしてアメリカについてなにかを考えるときには、その中心にいつもクリント・イーストウッドがいた。

彼がいなければおそらくジョン・フォードやハワード・ホークスなどの西部劇を観ようとは思わなかっただろうし、マカロニ・ウエスタンにも興味を持たなかっただろうから、そこを入り口として観はじめた数々のイタリア映画とも出会うことはなかったと思う。ドン・シーゲルをはじめとする五〇~六〇年代の異端的なアメリカ映画とも縁がなかっただろう。

そしてなにより、今までに僕の何百倍も映画を愛している何人かの人たちと出会って、彼らから多くのことを教えてもらったが、そういうときに話の鍵となるのはいつもイーストウッドの作品だった。彼の映画を観ていなければ、僕とは違って映画がなかったら本当に生きていけなくなってしまうような類いの人たちの話は、僕にはさっぱり理解できなかったと思う。

僕らの世代に初めてイーストウッドを知らしめたのは、もちろん『ダーティハリー』。七二年公開の映画だが、僕らが観たのは七〇年代後半のテレビ放映時だ。すでに数年前の旧作だったが、七四年には『ダーティハリー2』、七六年には『3』が公開されており、アクション映画の歴史を変えてしまった、というか、「刑事アクション」という新しいジャンルを創出した『ダーティハリー』のブームは続行中で、すでに「ハリー・キャラハン」は小学生男子たちの間でも時代のアイコンになっていた。

『ダーティハリー』は本来、「大人も子どもも楽しめる痛快娯楽アクション！」といったものとはほど遠い作品だ。当時のアメリカの病理を体現したような、まさに「異常者」としか呼べない犯罪者と、一応は正義の体現者でありながら、組織や社会に居場所がないという意味ではやはり「異常」であるアウトロー刑事の死闘を、肌がヒリヒリするような暴力描写を連ねて描いている。ベトナム戦争時代のアメリカの病んだ空気の腐臭がムンムン漂ってくる映画で、いかにもドン・シーゲル作品なのだが、彼の七〇年代の作品、たとえばこれも暴力描写がハードだった『突破口！』（七三年）や、冷戦下の不安を不気味に描いた『テレフォン』（七七年）などと比べても、全体のトーンは一貫してダークだし、後味ははるかに苦い。最初から最後まで、やけに鬱々とした映画なのである。

にもかかわらず、初めて観たときの印象はとにかく「かっちょい〜っ！」だった。当時の小学生はみんなそうだったと思う。もちろん怖さや暗さも感じてはいたのだと思うが、それよりなにより、44マグナムをぶっ放す「ハリー」の勇姿にシビレまくってしまったのである。

クラスの学級委員だったセキザワくんが、よく『ダーティハリー』のマネをしていたのを覚えている。ハリーが安食堂でホットドッグにパクついた瞬間に銀行強盗事件が発生し、マグナムで犯人たちを撃退する一連の名場面をひとりで演じてみせる「芸」だ。M92を構える場面では、必ず「マグナムはこうやって両手で構えて、足を広げて腰を落とさなきゃダメなんだ。なんでかっていうと……」と偉そうに解説する。僕らが「何度も聞いたよ！　早く撃て！」とはやしたてると、「ドゴォーン！」と叫んでマグナム弾を発射し、犯人たちのクルマを一撃で破壊する。あのときのセキザワくんは、いつも自慢げで、めちゃめちゃ気持ちのよさそうな顔をしていた。彼は成績優秀の秀才だったが、あれをやるときだけは本当に「ただのアホな男子」だった。

『ダーティハリー』は定期的にテレビ放映されたので、さまざまな年齢で何度も観ることになる。そのたびにやはり「おもしろい！」と思うのだが、中学生になって久しぶりに観なおしたとき、小学生時代の「かっちょいい〜！」という印象とはまったく違う凄《すさ》まじさに、「え？　こんな映画だったっけ？」と慌てまくった。

「ハリー」が少女を拉致した「スコルピオ」を野球場のグラウンドに追い詰め、彼の足をマグナムで砕き、さらにその銃創を踏みつける修羅場。なぜか急に空撮になり、ふたりの姿が霧と闇のなかに溶け込んでゆっくりと暗転、美しい夜明けのシーンに重なり、警察が全裸の少女の死体を発見する光景が朝日に照らされる。

名編集としてよく語られる箇所だが、この作中の「最暗部」は、その後何度観なおしても印象が言葉にできない。「ハリー」に肩入れしながら眺めていた映画が、ふいに僕らを置き去りにして「善悪の彼岸」に遠ざかってしまうような……と言葉にしても、あの「感じ」とはどんどん違ったものになってしまう。ただ戸惑いながら呆然《ぼうぜん》とするしかないのだ。

1台のバスを襲う45000発の銃弾！

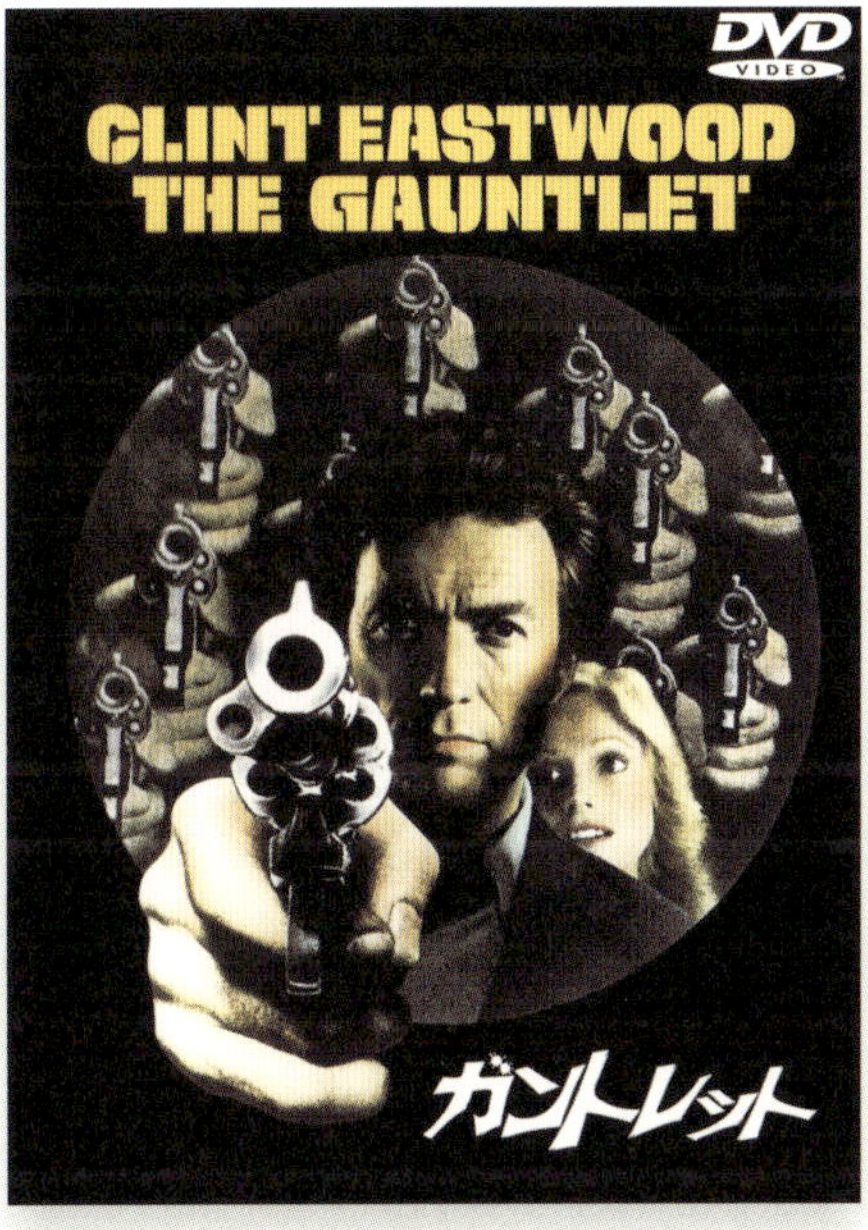

『ガントレット』
The Gauntlet

（配給：ワーナー・ブラザース／
ソフト販売：ワーナー・ホーム・ビデオ）
1977年（米）／監督：クリント・イーストウッド／
出演：クリント・イーストウッド、ソンドラ・ロック、
パット・ヒングルほか

「火を吹く45000発の銃弾！　突っ走る大型バス！」……これが本作のキャッチコピーだ。予告編やテレビCMなどでは、道路の両側に居並ぶ無数の狙撃手たちの間を疾走するバスが、文字どおりの「蜂の巣」にされていく怒涛《どとう》のクライマックスが映しだされる。「地獄行き」のバ

スに乗っているのは、もちろん僕らのクリント・イーストウッド！

本作は一九七八年のお正月映画として公開され、僕のホームグラウンド的な映画館だった渋谷パンテオンでも上映された。僕が初めて観《み》たのは数年後のテレビ放映時だったが、思い出に残っているのは、公開時にパンテオンが入っている東急文化会館の正面エントランス横に設置された巨大な広告ディスプレーだ。

なんと、銃弾を喰《く》らいまくったバスが実物大で再現されていた。いや、実物大どころか、正真正銘、本物のバスなのだ。本物のバスの車体を半分にブッちぎり、それが文化会館の壁から突きでるような形で設置されているのである。もちろん車体は銃痕で「蜂の巣」状態。ご丁寧に運転席には帽子をかぶった運転手の人形が乗っており、その眉間も見事に撃ち抜かれていた。同じく東急系の大型映画館である新宿ミラノ座にも、ほぼ同様のディスプレーが設置されていたらしい。

パニック映画やＳＦ映画の大作が目白押しだった七〇年代は、今では考えられないほどに映画館の看板がド派手だった時代だが、この『ガントレット』のディスプレーほどスゴイものは後にも先にも見たことがない。ディスプレーを見物するためだけに、友達と誘い合って何度も渋谷に行ってしまった。その穴だらけのバスを前に、いつも友人たちと同じことを夢中で話し合っていた。

「これに乗ってたら絶対に死ぬよな」

「イーストウッドが死ぬわけないだろ」

「だって、どうやって生き残るんだよ?」
「わかんないけど、生き残るんだよ!」
「そんなのインチキじゃないか!」
そんな言い合いをしているうちにケンカがはじまったりする。アホ丸出しである。

本作のヒロインは、『アウトロー』(七六年)から『ダーティハリー4』(八三年)までのイーストウッド映画を支えつづけたソンドラ・ロック。いかにもイーストウッド好みの、ちょっとニューロティックな雰囲気を持つ個性的な女優だった。彼女を初めて見たのが本作……という気もするが、かつてテレビで何度も放映されていたネズミ映画『ウィラード』にも出ているので、そっちが先かもしれない。イーストウッドの映画ではたいていヒドイめにばかりあっていた彼女だが、文字通り体を張ってイーストウッドが描くザラついた「アメリカ」を体現していた。

二〇一八年、彼女が七四歳で逝去したというニュースが飛び込んできたときには、心底狼狽《ろうばい》してしまった。彼女が老いるとか、まして死ぬなんてことは想像もしていなかったのだ。

近年も、イーライ・ロスが監督した『ノック・ノック』(二〇一六年)をプロデュースするなどして活躍していた。この映画、ソンドラ・ロックが正体不明の魔女的存在の少女を演じ、ただひたすら男を残虐に陵辱し続ける発狂系トンデモ映画の怪作、七七年の『メイクアップ』(テレビ放映時は『デスゲーム』と題されることもあった)のリメイクだ。この作品が、僕が彼女の仕事に触れた最後だった。

「白雪姫」から着想を得た
異常な南北戦争譚《たん》。

『白い肌の異常な夜』
The Beguiled

（配給：CIC／ソフト販売：キングレコード）
1971年（米）／監督：ドン・シーゲル／
出演：クリント・イーストウッド、
ジェラルディン・ペイジ、エリザベス・ハートマンほか

あれは確か、小学校四年生のときの土曜日の昼下がりのことだと思う。新聞部（クラスの壁新聞を制作する係）の「編集会議」という名目で、僕を含めたクラスの男女六人くらいがムトウくんの家に集合していた。男の子たちはなぜか「人生ゲーム」に興じていて、それを女の子たちが

「ちゃんと会議しなさいよ！　遊びにきたんじゃないのよ！」となじっていた。会議はいつもこんな感じで、ひたすらダラダラしている男子を女子がギャーギャーと非難しつづけているうちに夕方になって、「じゃあ今日は解散」ということになるのである。

部屋にはつけっぱなしのテレビがあって、土曜日午後の映画枠が放映されていた。

「あ！　イーストウッドだ！」

映画はイーストウッドの西部劇らしい。たぶんそれ以前にも彼の西部劇、『荒野の用心棒』（一九六五年）や『夕陽のガンマン』（六七年）などのマカロニ・ウェスタンはテレビで目にしていたと思う。彼が超人的な早撃ちで悪漢どもをなぎ倒してく西部劇ならちゃんと観《み》たいが、しかし、ゲームもおもしろくてやめられない。僕らはワイワイと「人生ゲーム」を続けながら、合間にムトウくんのお母さんが出してくれたお菓子などをつまみ、さらには女子たちのうるさい罵詈《ばり》雑言を聞き流しつつ、チラチラとブラウン管を眺めていた。

そんな状態で観ているので映画のストーリーはほとんど頭に入ってこないのだが、なんだかどうもおかしい。妙な雰囲気の映画だ。西部劇なのに誰も銃を撃たないし、出てくるのは女ばかり。話は教会のような建物のなかだけで展開しているし、この建物や庭の木々の描写が不気味でおどろおどろしくて、まるでホラー映画か、魔女が出てくる怖い昔話のようだ。そしてなにより、アクション映画のヒーローのはずのイーストウッドが、ベッドに寝てばかりいて動かない。しかも、かなり嫌なヤツらしいのだ。

「なんだよ、これ？」

　誰かが不安そうに言った。いつの間にか、「人生ゲーム」のルーレットをまわす僕らの手は止まっていた。ひとり、またひとりとゲームを離脱し、テレビの前に座ってしまう。「マジメにやりなさいよっ！」と怒鳴りつづけていた女子たちも、気づくと口数がすっかり少なくなって、眉間にシワを寄せながらじっとテレビを見つめている。誰も口を利かなくなってしまった。みんなが映画に釘づけになってしまったのだ。

　僕らがちゃんと観はじめたのは、もう映画が後半にさしかかったころだと思う。それ以前の展開はよくわからないので、なにがどうしてこうなっているのかは理解できなかったが、静かに繰り広げられる病的な悪夢のような状況を、僕らはただ固唾《かたず》をのんで見つめつづけた。そして、あの絶望的に後味の悪いラスト、イーストウッドの死体を、女たちが、小さなかわいい女の子までがズルズルと引きずっていく場面になっても、しばらくは誰も口を利かなかった。映画が終わってCMになったところで、僕らはようやく悪夢から覚めたように大きくひとつ息を継いだ。

「なんなのよ、今の映画？」

　女子のひとりが戸惑ったようにみんなに聞いたが、誰もなにも答えられない。僕も「なんだろう、今のは？」としか思えなかった。とにかく「見たことのないものを見た」、そして「見ちゃいけないものを見てしまった」という興奮と後悔があった。「編集会議」の場はすっかりシラケてしまい、なんだかわからないまま「今日は解散」ということになり、僕らは重たい気分のままそれぞれ帰途についたのである。

この『白い肌の異常な夜』を初めて観たときの体験はまさに僕のトラウマで、その異様な印象はずっと心に残っていたのだが、本作はドン・シーゲルとイーストウッドの黄金コンビの作であるにもかかわらず、なぜか長らくソフト化されなかった。ビデオが発売されてようやくちゃんと観ることができたのは、大学生か、社会人になってからだったと思う。小学生のときのトラウマ映画を大人になってから観なおすと肩透かしを喰《く》うことが多いが、本作は違った。「白雪姫と七人の小人」の男女を逆転させるという着想の「暗黒のおとぎ話」は、大人になってから観るとさらに強烈だった。

記憶があまりに曖昧なのだが、小学生時代に僕らが見たテレビ版は、近親相姦や同性愛を示唆する場面はカットされており、しかも後半にさしかかったところの地獄展開、女たちがイーストウッドに「悪意の応急手術」をほどこす驚《きょう》愕《がく》の場面もなかったと思う。いや、あれこそがクライマックスで、あの場面がないと後半につながらないのだが、僕はビデオで観返して初めて目にして、「えーっ！」と叫んでしまったのだ。あれを子どものころに見ていたら絶対に忘れるはずはないし、あの場面こそがトラウマの中心になると思うが、僕は観た覚えがない。

「いくらなんでも……」ということで、昼間の放映ではカットしたのか、あるいは、あまりに恐ろしかったために無意識の自己防衛機能が働いて、「そんなシーンはなかった」と僕が勝手に記憶を改竄《かいざん》してしまったのだろうか？

「恐怖」を産む冷酷な精密機械。

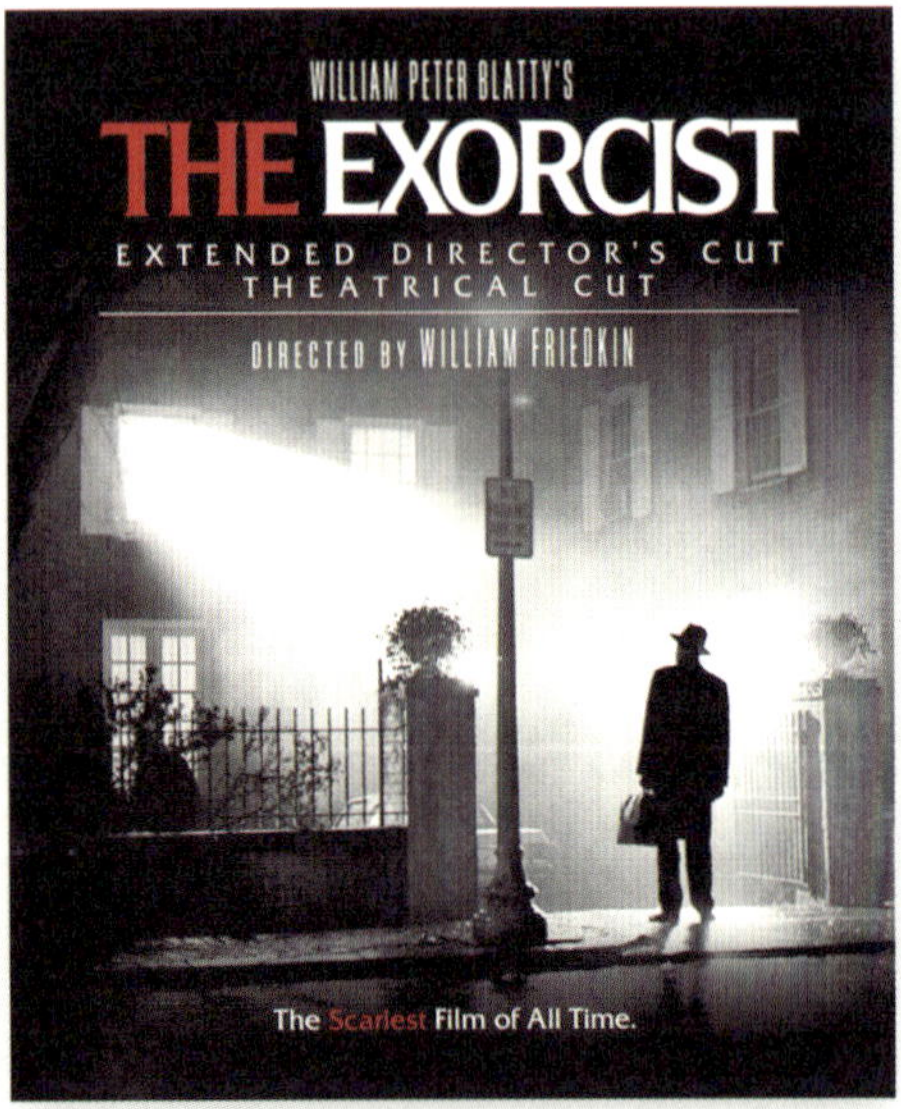

『エクソシスト』
The Exorcist

（配給：ワーナー・ブラザース／
ソフト販売：ワーナー・ホーム・ビデオ）
1974年（米）／監督：ウィリアム・フリードキン／
出演：リンダ・ブレア、エレン・バースティン、
ジェイソン・ミラー、マックス・フォン・シドーほか

僕は『サスペリア』を「完全無欠な映画」と称したが、この『エクソシスト』もまた「完全無欠な映画」だと思う。ただ方向性はまったく逆だ。『サスペリア』は完全な「狂人の仕事」であり、「ここをこうすればよかったのに！」などと観《み》ているほうが勝手なことを考えたりする余

地がまるでない。人が見せられてしまう悪夢の内容を好き勝手に変えられないのと同じように、どんなに荒唐無稽でメチャメチャなビジョンであろうと、こちらはそれを「魂」で受けとめるしかないという意味で「完全無欠」なのだ。

『エクソシスト』は、極めて精巧に組みあげられた理知的な映画である。荒唐無稽という意味でいえば、こちらもストーリー的には『サスペリア』に劣らぬほど馬鹿馬鹿しいものだが、映画全体が馬鹿馬鹿しいストーリーを否応なく客に納得させるための精密な機械のような様相を呈していて、それは驚くほど正確に作動する。

作品は精密だが、ウィリアム・フリードキンの演出の手腕は暴力的である。個々の場面に設定された効果のためなら、現場でどんなことでもしてやるという力づくの迫力に満ちている。

無茶な演出で役者に怪我を負わせたといった逸話もある監督だが、映画に必要な効果のためなら「コイツは本当に人も殺すんじゃないか？」といったことを、僕は『エクソシスト』を観返すたびに本気で考えてしまう。

『エクソシスト』は公開時、アメリカでは大ヒットどころか社会現象、いや、集団パニックを引き起こした映画だった。「大統領でさえもチケットが買えない」と言われるほどにヒットし、各地の映画館に長蛇の列ができただけでなく、映画館から出てくる観客のなかには一時的なパニック障害に陥る人もいて、泣き叫んだり、奇声をあげたりするケースが見られたという。「呪われた映画」だと排斥されたり、悪質なサブリミナル演出によって「観客の精神に危害を与えている」という批判もあった。深刻なのは、この映画によって「悪魔憑《つ》き」という現象が一般的に知れわたったことだ。「悪魔」は思春期のティーンエイジャーに取り憑きやすいということから、ただの「反抗期」の子どもを「悪魔憑き」として親や宗教関係者が拘束し、映画と同様の「悪魔祓い」、つまり「虐待」を行ってしまう事件が世界各国で起こってしまった。

　そうした意味では、本作は真に「有害な映画」だった。それはつまり、作品として破格の「力」を持っていたということだ。少なくとも当時の観客にとって、『エクソシスト』は単なる映画というものから大きくはみ出すリアリティーを持っている「なにか」に見えたのだろう。

　日本でもやはり社会現象となるほどのブームを起こし、この一作によって「オカルト映画」という言葉が定着して、それ以前の興行界では客が不入りの時期（八月）のB級企画にすぎなかった「怪奇映画」の概念がまったく変わってしまった。もちろんこれはハリウッド映画史的にも同様で、『エクソシスト』がなければ（その前に六八年の『ローズマリーの赤ちゃん』という布石があるが）、ドライブインシアターの低予算映画でしかなかったホラー映画が、これほどまでに大きなジャンルとなることはなかっただろう。日本における七〇年代のオカルトブームも、あのような形では引き起こされていなかったかもしれないし、となれば、当時の映像における心霊表現を再検討することからスタートした九〇年代以降の「Jホラー」なども、当然誕生しなかったはずだ。

『エクソシスト』は、映画が大規模な「社会現象」となった最初の作品であり、映画界のみならずカルチャー全般に地殻変動を起こし、その影響が現在も続いているという意味では、『スター・ウォーズ』級か、それ以上の影響力を持った作品だったのである。

日本でも「『エクソシスト』を観た客がパニックを起こした」といった噂《うわさ》は昔からよく耳にしたが、僕はずっと「ホラー映画」によくあるコケおどしの宣伝なのだろうと思っていた。しかし、ひと世代上の知人から聞いた話では、実際にそういうケースもあったらしい。彼が公開時に観にいったとき、女性客のひとりが叫び声をあげて暴れはじめ、上映が中止になって救急車が呼ばれる騒ぎになったという。

映像における恐怖表現から受ける衝撃は、時代によってかなりの差異がある。どんなに斬新な映像表現も時代を経れば古くなるが、特に恐怖演出についてはそれが顕著だ。ショックの演出はどうしても即物的なものになりがちで、誰もが簡単にコピーできる手法となることが多い。その時代には革新的な恐怖表現も、大量にコピーされたり、引用されたりすることで、あっという間に「ありがち」なものになってしまう。

テレビで『エクソシスト』を観た世代である僕らは、正気を失ってしまうほどにショッキングな恐怖は感じなかったが、それでも子ども時代、この映画がテレビ放映された翌日の教室は大騒ぎだった。みんな「緑色のヘド!」とか「首がぐるぐる!」とかワイワイやっていたが、「リーガン」が悪魔に取り憑かれて以降のアレコレは、今なら誰もがある程度の既視感を覚えるものになってしまっているだろう。しかし、冒頭から中盤までの展開、まだなにも起こっていない状況、なにが起こっているのかが判明できない状況の描写は、今見てもまったく古くなっていないどころか、何度観ても本当に怖いっ！

オープニング、鮮やかなピンク色の美しい朝日ではじまるイラクのシークエンスは、観るたびに新鮮で、「な、な、なんだかただごとじゃないゾッ！」という気分になる。マックス・フォン・シドーのせいでベルイマン映画を連想してしまうためか、『野いちご』（一九六二年）冒頭のシュールな夢のようで、恐怖と不安の詩情に満ちた完璧に不吉なプロローグだ。

また、僕が特にイヤなのは「ウィジャボード」（西洋版コックリさん）のシーン。最近のホラーでも「ウィジャボード」を利用した恐怖シーンはやたらと見かけるが、たいていはアホくさい。しかし、この『エクソシスト』のそっけなさすぎる演出は何度観ても「ギョッ！」としてしまうのだ。お母さんは「リーガン」が「ウィジャボード」を介してなにかと交信する瞬間をはっきりと目にするのだが、目の前で起こった明らかな怪異を「あら、なにこれ？　アハハハ！」と笑い飛ばし、すぐにカットが変わる。この短さとフィルムを切るタイミングが怖いっ！　怪異を目にして一瞬驚くが、その直後に「別にたいしたことじゃない」と曖昧に処理してしまうこの感じ、これが妙にリアルなのだ。

『エクソシスト』の中盤までの恐怖表現は、この「妙なことが起こる→でも、気のせいかもしれないし、まぁ、いいや」という短いシーンを絶妙なタイミングで何度も何度も繰り返し、お母さんのエレン・バースティンがついに「まぁ、いいや」で処理しきれなくなる絶望的な限界点まで持っていく、というスタイルだ。徐々にエスカレートさせ、あれよあれよという間に、気づくと地獄の扉が開かれていたという展開の巧妙さは、まるで手品を見ているようだ。

『エクソシスト』で追い込まれていくのは、「リーガン」ではなく、あくまでお母さん（と観客）である。彼女はアルトマンだかウッディ・アレンだか知らないが、そういう類いの映画に出演しているらしいリベラルなインテリ女優で、シングルマザーとして完全に自立した「新しい時代」の女性だ。もちろん信仰心はない。中盤まではは、このお母さんが原因不明の病気にかかった娘を、科学（医学）で救おうと奮闘するリアルな「難病もの映画」だ。「リーガン」が次々と最新の医療検査を受けさせられる凄惨《せいさん》な場面は、まるでドキュメントのように生々しい。

そして、彼女が知っている世界における「合理的」なすべての選択肢はひとつひとつ丁寧に叩《たた》き潰《つぶ》され、ついに世界の「向こう側」を、「悪魔祓い」などというものを信じてみるしかなくなるまでの残酷なプロセス、それが『エクソシスト』の根幹である。この工程が、本当に意地悪で、本当に「完全無欠」なのだ。

お母さんがついに「カラス神父」にすがる場面、あの泣きながら理不尽な事態への怒りをあらわにする場面は、何度観ても胸が詰まりそうになってしまう。

リンダ・ブレアは「天使」だ！

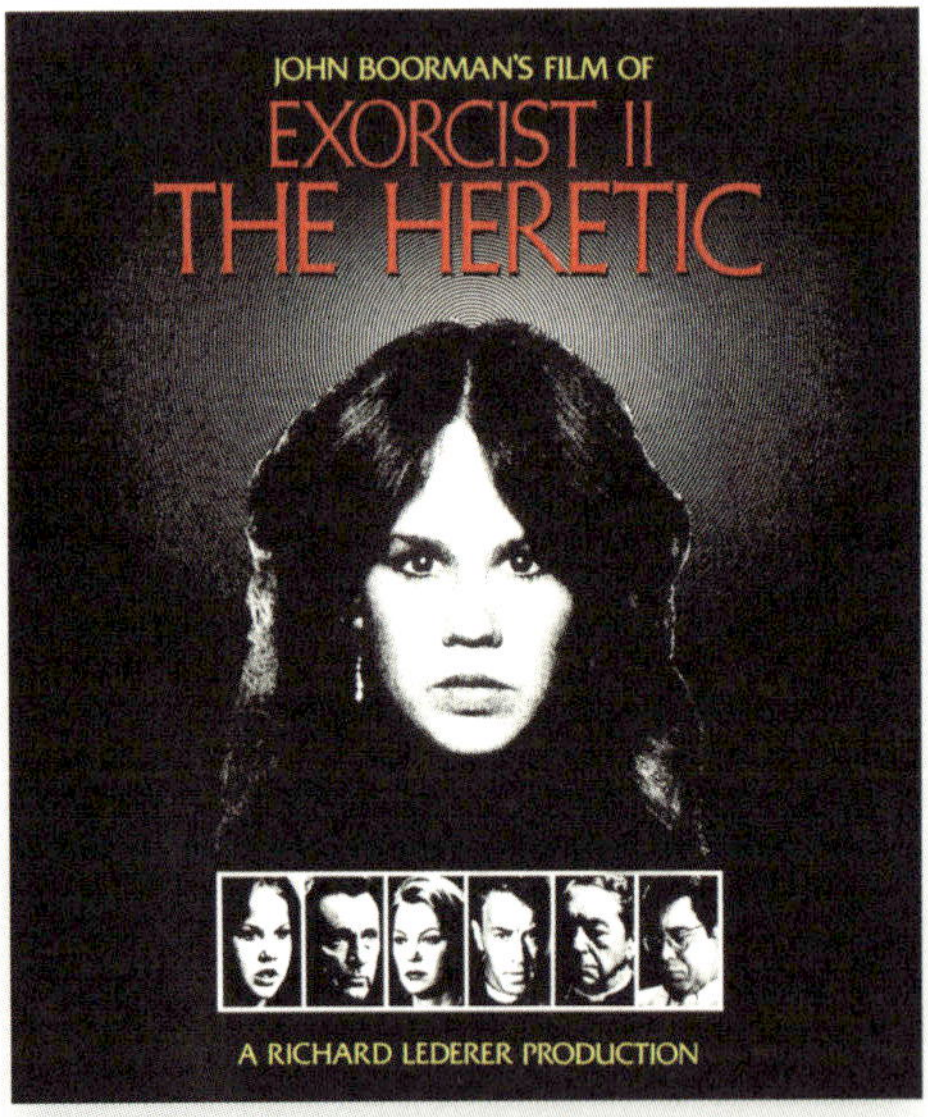

『エクソシスト2』
Exorcist II :The Heretic

（配給：ワーナー・ブラザース／
ソフト販売：ワーナー・ブラザース・ホーム・エンターテイメント）
1977年（米）／監督：ジョン・ブアマン／
出演：リンダ・ブレア、リチャード・バートン、
ルイーズ・フレッチャーほか

『エクソシスト』には正規の続編として三つの映画があるが（近年の『エクソシスト・ビギニング』や『ドミニオン』などは別にして）、オリジナルをあれだけ絶賛しておきながら、僕が本当に一番好きなのは実は『エクソシスト2』なのである。『2』といえば「世紀の大失敗作」であ

り、続編映画の「最もダメな例」として全世界で語り草になっている。あまりのデキの悪さに『エクソシスト』原作者のピーター・ブラッディは激怒し、『2』を「なかったこと」にして、オリジナル版に直結した続編映画『エクソシスト3』（一九九〇年）を自ら監督してしまったくらいだ。ちなみに、この『3』は黒沢清などに絶大な影響を与えたとされ、ホラーマニアたちの間でも非常に評価が高い。

僕が『2』を初めて観《み》たのは中学生のときのテレビ放映時だったが、その翌日はオリジナルの『エクソシスト』とはまた違った意味で、教室が大騒ぎになっていた。映画を観た誰もが激怒していたのだ。もっとも多かった意見は主演のリンダ・ブレアに対するもので、「ただのブタじゃねぇーか！」（これは当時の子どもたちの見解です！）だった。ストーリーについても「わけわかんないし、怖くもなんともない！」という意見が大半で、ホメているヤツはひとりもいなかった。そして、このときは確かに僕も激怒していたのだ。リンダ・ブレアの容姿については「あ、かわいい……」と思ってしまったので周囲との落差はあったが、イナゴが大量発生してどうのこうのという退屈なストーリーには、「殺虫剤があれば解決する話じゃないかっ！」と腹が立った。これは「悪魔祓い映画」じゃなくて、ただの「害虫駆除映画」だ！

しかし、『エクソシスト2』ほど、子どものころに観た印象と、大人になってからの印象がガラリと変わってしまった映画はない。大学生になってからも一度、友人が持っていたレーザーディスク（抱き合わせで買わされたソフトだった）で観ているが、このときも「トチ狂った馬鹿映画」という印象は変わらなかった。が、三〇歳を過ぎたころ、確か『デモンズ』（八六年）かなにかとの二本立てを名画座で観て、なんだか知らないが途中から涙が止まらなくなってしまったのだ。

『エクソシスト2』が感動的なのは、これがシリーズ中、唯一「希望」を描いた映画だからだ。『エクソシスト』シリーズの根底には、神と悪魔、善と悪の「終わりなき闘争」という、キリスト教をはじめとする多くの宗教が前提としている世界観があるが、これを主に「悪側からの攻撃」を中心に描いて、あくまで一時的な、とりあえずの「善側の勝利」としてひとまず終わる……というのがこの種のホラーの常道であり、「悪魔祓い」の物語はこの常道に乗らないと終わらせようがない。つまり、事態は根本的には変わらないのだ。世界が完全に救済されるか、あるいは完全に滅亡するなら別だが、映画が終わっても「終わりなき闘争」は終わらないので、個々のケースの救済による「安堵」は描けても、「希望の物語」にはなりにくい。しかし『2』のジョン・ブアマンは、力ずくの狂人じみたロジックとビジョンによって、離れ業的にこの「終わりなき闘争」のサイクルからの脱却の可能性を示し、未来への「希望」を描いてみせる。

僕はオリジナル版『エクソシスト』を「完全無欠な映画」だと言ったが、あれにもしイチャモンをつけるとすれば、人間世界への強大な威嚇となるメソポタミアの悪魔「パズズ」が、なぜよりによってワシントンの名もなき小娘を選んで憑《ひょう》依《い》したのか？という部分だろう。「あんなガキを使って悪魔はなにをしたかったんだ？」という無粋なツッコミを入れることは確かに可能だ。「無作為に憑《つ》くからこそ怖い」という反論もできるが、ともかくフリードキンは、これについてはまったく説明していない。ブアマンの『2』は、このどうでもいいツッコミに対してバカ正直に真正面からまともに回答し、その見事な回答によって「希望」を引き出した。

『2』では、「なぜ？／ポルケ？（porque?）」という言葉が何度も繰り返される。「なぜ？　どうして私が？」というフレーズが、主旋律のように反復されるのだ。冒頭、『エクソシスト』事件の事後調査を依頼されたフィリップ・ラモント神父が、南米の「悪魔憑き」の少女のもとを訪れる。彼女は「なぜ？　どうして私が？」と神父に問いかけたまま、魔女狩り時代の火刑を思わせる炎に包まれて壮絶な最後を遂げる。

「なぜ？　どうして私が悪魔に憑かれなければならないの？　なぜ悪魔は私を選んだの？」

『2』は、病人を癒す「聖女」だった南米の少女が、「魔女」のように焼け死ぬ際に残したこの問いではじまり、その回答をラモント神父が見いだすまでの物語である。そして、回答そのものとして登場するのが、もちろん前作で地獄から生還した「リーガン」、リンダ・ブレアだ。

なんといっても彼女が素晴らしい！　エンニオ・モリコーネの傑作スコア「リーガンのテーマ」の効果も絶大だが、本作のリンダ・ブレアはなにやらちょっと神がかって見える。良質な

「アイドル映画」というものは、ひとりの演者の一生における「最良のとき」を図らずも記録してしまう残酷なものだというが、ここでのリンダ・ブレアは間違いなく彼女の一生における「最良のとき」にいる。その後のキャリアを思うと複雑な気分になってしまうが、本作は奇妙な形で刹那的なアイドルになってしまったリンダ・ブレアの絶頂を記録した「アイドル映画」でもあり、これ以前も以後も二度と見せることのなかった可憐な微笑《ほほえ》みや、表情のかすかな曇りだけで見事に「リーガン」を体現してしまっている。彼女が意図しないままに自閉症の少女「サンドラ」を「治療」する場面のマジカルな感動は（ここは何度観ても狼狽《ろうばい》してしまう！）、あの「サンドラ」役の子どもの力演も相まって（あの子はおそらく役者ではなく、あれも単なる演技ではないと思うのだが）、本当に小さな奇跡を目の当たりにした気分になるのだ。

そして、馬鹿か狂人か天才か判断つきかねるブアマン流のトンデモ展開を経た「なんじゃこりゃ？」というクライマックスに至って、リンダ・ブレアは冒頭で焼け死んだ少女のスペイン語の台詞《せりふ》を唐突に、かなり場違いに反復する。「porque?　なぜ？　どうして私が？」

彼女が「希望」そのものだからだ。そして、アホみたいな言い方だが、本作のリンダ・ブレアは、本当に「希望」に見えてしまうのだ。

南米で焼け死んだ少女も、「メリン神父」がアフリカで出会った少年「コクモ」も、狂った世界の「修復者」だった。「リーガン」もまた、凶暴化したイナゴの群れのなかに一匹だけ混じった「まともなイナゴ＝The Heretic（本作の原題）＝異端者」だ。「癒やしの人（ヒーラー）」であり、「共感の人」であり、「狂わない人」であり、つまりは救済と「希望」の鍵であって、悪魔は長い歴史のなかで、世界のそこここに誕生するこうした「希望」を潰《つぶ》してきた……。

　この『エクソシスト』的常道の逆走、つまり「悪魔」vs人類の「終わりなき闘争」の歴史と意味を、「闇」ではなく「光」の側から描くという素朴すぎる発想の転換は、アイデアとしては誰もが思いつくことかもしれないが、思いついても普通はやらないと思う。それでは「別の映画」になってしまうからだ。

　だからこそ『エクソシスト2』は世界中の観客から「ふざけんなっ！」と言われてしまったわけだが、それでも、やはりよくもこんな「愚行」に挑戦したものだ。「ホラー映画」としてはほとんど成立していないかもしれないが、しかし「オカルト映画」としては、つまり本来のオカルトの概念、心霊科学と神秘主義を描く映画としては、キリスト教の世界観から一歩も出ようとしなかった『エクソシスト』よりもはるかに本気だ。悪評高い「シンクロナイザー」とかいう馬鹿馬鹿しい機器の発想も、あの未来的診療所のSF風の素晴らしい美術も、「リーガン」が世界を救済する選ばれた「聖女」ではなく、いわゆる「来たるべき人類＝ニュータイプ」であるESP能力者として描かれる設定も、本気の「オカルト魂」に貫かれている。

　降霊術でルドルフ・シュタイナーの霊を降ろして聞いてみればいい。間違いなく彼は『2』こそがシリーズ最高傑作だ！」と言うだろう。

僕らの「青春映画入門」。

『小さな恋のメロディ』
Melody

（配給：ヘラルド／ソフト販売：KADOKAWA）
1971年（英）／監督：ワリス・フセイン／
出演：マーク・レスター、トレイシー・ハイド、
ジャック・ワイルドほか

映画館で観《み》た映画、テレビで観た映画のほかに、学校や地域の教育会館や図書館で観た、というか観せられた映画も多かった。

中学の「映画鑑賞会」で強制的に観せられた作品では、「ふうちゃん」役の原田晴美が「けっこうかわいい！」とクラスで話題になった『太

陽の子 てだのふあ』（一九八〇年）などの反戦映画が中心だったが、なぜか熊撃ちを描いた『マタギ』（八二年）なども観せられた記憶がある。あと、『典子は、今』（八一年）、『飛鳥へ、そしてまだ見ぬ子へ』（八二年）なども観たかな？小学生時代も日活児童映画の『4年3組のはた』（七六年）なんかを観ているはずなのだが、まったく内容は覚えていない。

区内の図書館や社会教育会館などで開かれる「映画鑑賞会」は自由参加だったが、学校でよく案内が配られた。何度もプログラムに組まれていたのが『禁じられた遊び』（五三年）。毎年のように上映されていたのを覚えている。強烈だったのが『ゴジラ対ヘドラ』（七一年）だ。図書館の「映画鑑賞会」でなんの気なしに観てしまい、頭がクラクラするほどのトラウマを与えられた。なにか反戦映画か教育映画のおまけみたいな形で上映されたはずだが、『ヘドラ』の印象があまりに強すぎて、併映作品の記憶は消し飛んでしまっている。

もうひとつ、鮮烈な驚きを与えられたのが、この『小さな恋のメロディ』だ。この作品も「映画鑑賞会」の定番プログラムだった。小学生男子的にはまったく惹《ひ》かれないタイトルで、『チッチとサリー』みたいな映画だと思っていたが、小六くらいのときだったか、「どうせつまんないんだろうな」と思いながらも、友だちに誘われて渋谷図書館に観にいったのだと思う。

予想していた作品とはまったく違っていたので、非常にビックリした。なんだかやけにアナーキーな感じの映画で、「学校なんかサボっちまえ！」という内容だし、親や先生たちなどの大人たちの権威は徹底的に否定されるし、おまけに爆破の快楽に取り憑《つ》かれた「爆弾魔」のヤバいガキまで出てくるし、「子ども向け映画会で上映しちゃっていいの？」と思うほどに過激な作品に思えたのだ。それでいて、やっぱりちゃんとかわいくてロマンチックな映画に仕あがっている。僕はすっかり気に入ってしまって、観た後はさっそくハヤカワ文庫の原作を買って、さらにはビージーズのサントラも買い込み、しばらくはこの世界に浸っていた。

　子どもの世界を描く子ども向け映画というのは、たいていの場合、現役の子どもからすると作中の子どもたちが「嘘くさい！」と思ってしまうことが多い。やたらと優等生的だったり、あるいは大人が考える範囲で都合よく悪い子だったり、いずれにしても妙に単純化されて「いかにも子ども」という感じで、「こんなヤツいねーよ！」と感じることが多いのだが、『小さな恋のメロディ』の主要キャストの三人は、子どもから見てもすごく生々しかった。マーク・レスターの頼りない甘えん坊キャラはリアルだったし、不良少年役のジャック・ワイルドの長髪は超カッコよくて憧れた。そしてもちろん、トレイシー・ハイドのほどよい美少女ぶり、クラスにいてもおかしくない程度のリアルな美少女ぶりにはドキドキした。

　あの「メロディ・フェア」がかかる場面、彼女がビニール袋に入れた金魚を眺めながら陽だまりのなかを歩く美しいシーンは、初めて観たときに「うわぁ、いいなぁ！」と感激したが、あの甘い気分と切ないような気分がないまぜになった変な感覚は、思えば初めて「青春映画」的な場面に接した瞬間だったのかなぁ……という気もする。たぶん、『小さな恋のメロディ』は僕が初めて観た「青春映画」なのだ。

もちろん登場人物の世代からいえば『小さな恋のメロディ』は「青春映画」ではないが（「思春期映画」と呼ぶべきか）、アメリカン・ニューシネマを子どもの世界で展開させたような内容と、ニューシネマに触発されたイギリスのスタッフが、「オレたちもああいう自由な映画をつくろうゼ！」みたいな、わりとアサハカなノリ（?）で手探りでやってる楽しい感じは、やっぱり「青春映画」ならではの雰囲気だと思う。

子どものころは、あのラストの後、トロッコで旅立ったふたりはどこへ行くんだろう?……なんてことが気になったこともあった。

「青春映画」というものは、大人になってふり返ればどうでもいいような問題が、どうでもいい形でひとまず解決され、だから根本的にはなにも解決されず、本当はなにひとつ事態は変わらないまま、それでも感動的な大団円を迎えられる不思議なジャンルだと思う。意味も発展性もない。当事者にとって大切な「いまその時」が、ただ過ぎていくことだけに意味があるのだ。

あのふたりはもちろんどこにも行けないのだが、しかし、「あのとき」のふたりは、どこかにある夢のように素晴らしい「永遠の国」にたどり着いているはずなのである。

「青春スター」テイタム・オニールの誕生!

『がんばれ！ベアーズ！』
The Bad News Bears

（配給：パラマウント映画／
ソフト販売：パラマウント ジャパン）
1976年（米）／監督：マイケル・リッチー／
出演：ウォルター・マッソー、テイタム・オニール、
ヴィック・モローほか

前項で「僕らが初めて観《み》た青春映画は『小さな恋のメロディ』だった」と書いて、大事な作品を忘れていたことに気づいた。『がんばれ！ベアーズ』である。

日テレの夕方六時台から何度も再放送されていたテレビ版を含めて、このシリーズも僕ら世代にとって「青春映画入門」の重要な役割を果たしていたと思う。『ベアーズ』の世界を「青春」と呼んでいいのかはちょっと微妙だが、テレビ版の日本語テーマ曲はマリーンが歌った「青春カーニバル」だし、歌詞でも「♪青春・イズ・マイ・ベアーズ」と断言されていたから、やっぱりこれは間違いなく「青春」なのだ。

僕らはテレビ版を何度も見て育ったので、コーチ役の「バターメイカー」はジャック・ウォーデン（幼いころの僕はなぜかアーネスト・ボーグナインと区別がつかなかった）、そしてヒロインの「アマンダ」はトリシア・キャストであってこその「ベアーズ」なのだが、映画版はキャスティングがまったく違っていた。しかし、こっちのキャスティングもまたスゴくて、「バターメイカー」はウォルター・マッソー！　子どものころは「なんだ、この団子っ鼻のおっさんは？」などと思っていたが、後に『サブウェイ・パニック』（一九七五年）や、さらに大人になってから観たドン・シーゲルの『突破口！』（七四年）で大好きになった。こんなにカッコ悪いのにカッコいい役者はほかにいない。

で、「アマンダ」役は、もちろん我らがテイタム・オニールである。いや、「我らが」なんて書いてみたものの、僕は当初はこのキャスティングが気に入らなくて、というのは、テレビ版「アマンダ」のトリシア・キャストは、もうめちゃめちゃかわいくて、なおかつカッコよかったのだ。僕ら世代の男子なら誰もが憧れたはずだ。それに対し、『ペーパームーン』（七三年）の子役から脱皮途上にあったあのころのテイタム・

オニールは、なんというか、非常に「わかりにくい顔」をしていたと思う。美人なのか美人じゃないのか、かわいいのかかわいくないのか、どうもいまひとつわからない。

しかし、実際に映画を観てみると、彼女は見事に「アマンダ」だった。なんだかトリシア・キャストと区別がつかなくなるほど雰囲気が似ていて（スネたときの顔がそっくりになる）、そのうえで「新アマンダ」としての魅力もあった。これによって僕ら世代の間でテイタム・オニールは大ブレイクし、一気にアイドル化する。『スクリーン』や『ロードショー』の表紙には毎号のようにテイタムの写真が使われるようになり、付録なども彼女のピンナップやカレンダーであふれ返った。そう、僕ら世代にとっての最初の「青春スター」は、たぶんテイタム・オニールだったのだ。

ただ、残念ながら彼女の人気女優としての寿命はあまりに短かった。あらためてフィルモグラフィーを見てみると、「え?」と驚いてしまうほどに出演作は少なく、結局『ペーパームーン』『ベアーズ』以降は、『ニッケルオデオン』（七六年）、『インターナショナルベルベット 緑園の天使』（七八年）、『リトル・ダーリング』（八〇年）のみ。あとは九〇年代以降になって出演した映画が数本あるだけだ。アイドル女優的に活躍したのは、七六年から八〇年にかけてのたった四年間。「そんなはずはない!」と思ってしまうのは、日本ではとにかく大人気で、雑誌やらセイコーの時計のCMやらに出まくっていたので、一〇年間くらいは大活躍していたような印象があるからなのだろう。

私生活もいろいろ大変だったようだが、作品に恵まれていたともいい難く、右記の四本は僕もすべて観たが、どうも印象は薄い。『インターナショナルベルベット』の乗馬姿はカッコよかったが、不良の男の子たちに「お馬さんにまたがって気持ちいいのか？」なんてゲスくからかわれるシーンしか覚えていないし、ロストバージン系青春映画『リトル・ダーリング』は、そこそこヒットして僕らはこぞって観にいったが、「つまんない」という感想が大半だった。

この映画はテレビＣＭがすっごくカッコよくて、クリスティ・マクニコルとテイタムの黄金コンビ（？）を中心に少女たちが横一列に並んで、「なめんなよ！」みたいにカメラにガンをつけながらこちらへ歩いてくる映像が使われていた。僕らは「不良少女風のテイタムが観れる！」と期待したが、脚本は絶望的にグダグダ。不良娘役はマクニコルのみで、テイタムはいつもと変わらぬお嬢さん役だ。おいしいところは、コケティッシュでコミカルなマクニコルにすべて持っていかれてしまったような作品だった。本作は、当時は一応かなり話題になったのだが、今のところは日本版のＤＶＤすら出ていない。

マクニコル人気もすぐに失速したが、しかし、彼女は超カルトで危険な名作、サミュエル・フラーの『ホワイトドッグ』（九〇年）で主演を務めた。テイタムも、なにか一本、こういう「我らがテイタム！」と僕ら世代が誇れるような作品を残してほしかったなぁ、と思う。

「お父さん、こわいよ……
なにか来るよ……」

『野性の証明』

（配給：日本ヘラルド映画、東映／ソフト販売：KADOKAWA）
1978年（日）／監督：佐藤純彌／出演：高倉健、中野良子、薬師丸ひろ子ほか

　僕らは角川映画全盛期に少年時代を過ごしたわけで、これについて語らないわけにはいかない。どれかひとつを取りあげるのであれば、やはり『犬神家の一族』（一九七六年）を選ぶのが順当なのだと思う。が、僕にもっとも強烈な衝撃を与えたのは『野性の証明』だっだ。これは僕にとっては完全なトラウマ映画なのだ。観《み》たのは（いや、実は観ていないのだが）テレビの初放映時。調べてみると七九年の一二月一四日だったようで、一二歳のころである。

　僕がどうしてこれを観ようと思ったのかといえば、物語の発端となる自衛隊の特殊部隊による「山岳サバイバル訓練」に心を惹《ひ》かれたからだ。少ない食料と限られた装備だけを身に着け、森のなかで一定期間を生き延びるという訓練である。これに僕が人一倍興奮したのは、当時の僕がボーイスカウトに入っていて、この「地獄の訓練」とほぼ同じことを……

というのはいくらなんでも言いすぎだが、これを一〇〇〇倍くらいユルくしたようなことを、夏のキャンプのたびにやらされていたからだった。もちろんボーイスカウトの訓練なので命の危険などないが、それでも遭難しかけたり、野犬に出くわしたりする恐怖を味わった。『野性の証明』は、僕にとっては観る前から「ひとごとじゃない！」という切迫したスリルを感じられる映画だったのだ。

そういう状態でドキドキしながら観はじめた映画は、「山岳サバイバル訓練」がいかに過酷であるかを表す場面で幕を開ける。オープニングクレジットが出ている背景で、それぞれの隊員たちの修羅場が映しだされるのである。そこに僕にとっては映画史上、最悪のトラウマシーンがあった。あまりの空腹に発狂してしまい、自分の腕にナイフをグサグサ突きたて、その血まみれのミンチ肉をムシャムシャ食べてしまう隊員が登場するのだ！

これを目にしたとたん、僕は「ギャッ！」と叫んで慌ててテレビを消した。映画がはじまってわずか一分ほど、まだクレジットが出ている途中で、「もう無理！」とギブアップしてしまった。それ以前も以後も「食人」系のグロい映画などをさんざん観ているが、この場面だけはなぜか耐えられなかった。本作をちゃんと観られるようになったのは、大人になってからだった。

『野性の証明』のキャッチコピーは「ネバーギブアップ！」だったが、僕にとっては異例の「ギブアップ映画」なのである。

2時間半では語れなかった「あした」

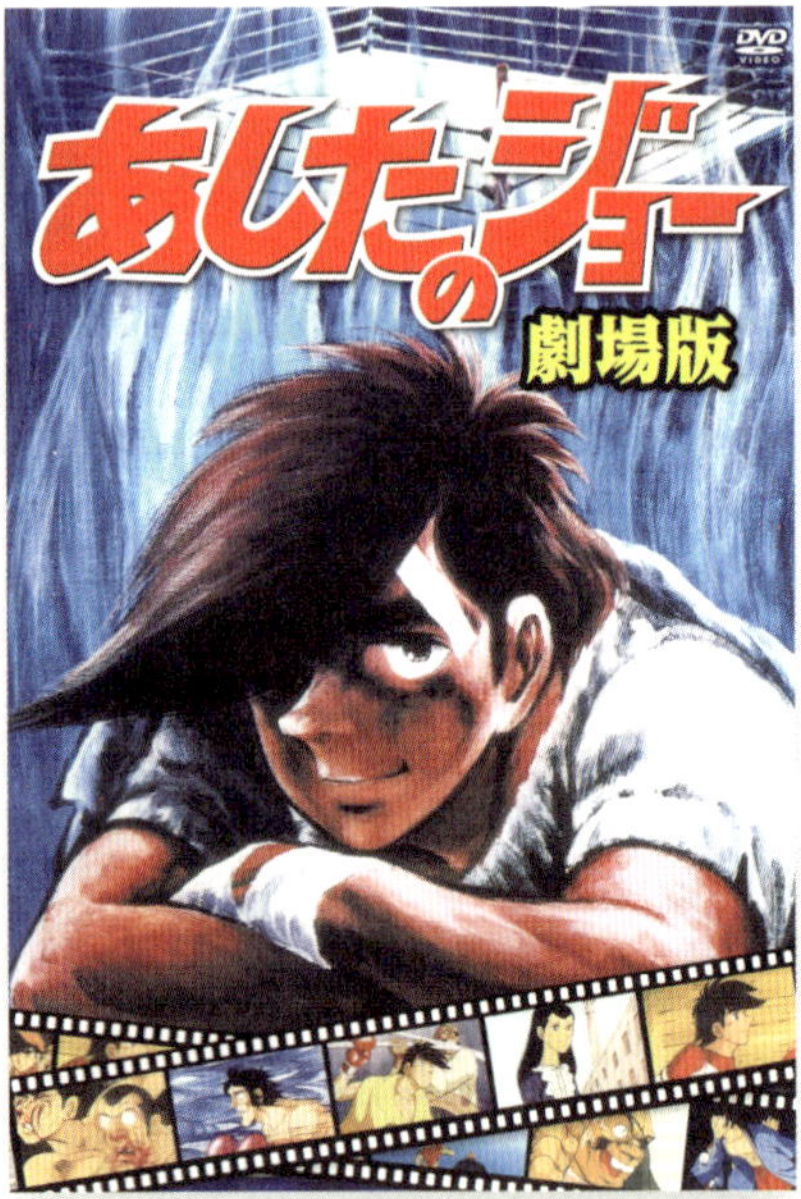

『あしたのジョー 劇場版』

（配給：富士映画・日本ヘラルド／
ソフト販売：エー・アール・シー）
1980年（日）／監督：福田陽一郎／
出演（声）：あおい輝彦、細川俊之、藤岡重慶ほか

ウチは『東映まんがまつり』や『東宝チャンピオンまつり』などはまったく観《み》せてもらえない家庭だったので、映画館に観にいく映画は常に洋画だった。初めて劇場で観た日本映画はなにかと考えてみると、これがどうもはっきりしないのだが、記憶と各作品の公開年をアレコレ

照らし合わせてみると、学校で観せられた教育映画を別にすれば、どうも劇場版の『あしたのジョー』になるらしい。

　この作品は基本的にテレビアニメをつなげただけの映画なので、わざわざここに取りあげることもないのだが、考えてみれば本作は僕が初めて観た日本映画であるだけでなく、初めて観た劇場用アニメ映画であり、さらにはおそらく初めて「大人抜き」で友達と観た映画だと思う。我が家は「中学になるまで子どもだけで映画館に行っちゃダメ」ということになっていたが、本作は小学校から中学へあがる狭間の春休みの公開。ちょっとフライング気味に、卒業したばかりの小学校のクラスメイトと観たのだろう。

　映画館はパンテオンだか渋谷東急だか忘れたが、とにかく東急文化会館に入っていた劇場で、そのときの行列の異様な長さははっきりと覚えている。巨大な文化会館の建物の周囲を列がグルリと半周し、最後尾は銀座線の高架下まで伸びていた。気が遠くなるほど並んで、僕らはなんとか座れたが、館内には立ち見の客もあふれていた。『スター・ウォーズ』や『E.T.』のときもスゴかったが、実際に目にした列の長さでは本作が一番だったと思う。

　当時は劇場用長編アニメの黎明《れいめい》期で、「まんがまつり」的な子ども用ではなく、若者世代をターゲットにした長編アニメを劇場でかけるという興行が定着しはじめたころだった。いわゆるアニメブームの最初のブレイク期だ。

　先鞭《せんべん》をつけたのが『宇宙戦艦ヤマト』（七七年）で、公開時は徹夜待ちの客が殺到するなどして大騒ぎになっていた。これによって高校生や大学生などまでが映画館にアニメを観にいくことがわりと普通のことになって、続いて『ルパン三世（ルパンvs複製人間）』（七八年）、『ルパン三世カリオストロの城』（七九年）、『銀河鉄道999』（七九年）、竹宮恵子の『地球《テラ》へ…』（八〇年）など、話題作が次々に公開された。そして八一年には、社会現象ともなった『機動戦士ガンダム』が公開される。

ちょっと毛色の違ったところでは、「とんでもない手間をかけた最高水準のアニメ！」と盛んに宣伝されていたアメリカ製の『指輪物語』、サンリオ映画の人形アニメ『くるみ割り人形』、『がんばれ!!タブチくん!!』なども七九年に公開され、この年は話題のアニメが目白押しだった。

僕はアニメ映画にはまったく興味が持てなかったのだが、『あしたのジョー』については、とにかく園児のころから毎年繰り返される再放送で定期的に見ていて、好きとか嫌いという以前に僕ら世代の男の子の「必修科目」みたいなものになっていたので、「観ておかなくては！」という感じだった。

で、内容は……やっぱり「テレビアニメをつなげただけ」だった。『あしたのジョー』はメインのストーリーの隙間、物語がちょっと停滞する日常描写の場面にこそ独特の味わいがある。映画にすると、こういうところはすべてスッ飛ばされ、ただの箇条書き的な「あらすじ」になってしまう。やっぱり『ジョー』はテレビアニメをコツコツ見るか、原作を読まないとダメなんだなぁ、と思ったのである。

「次回へつづく」という裏切り。

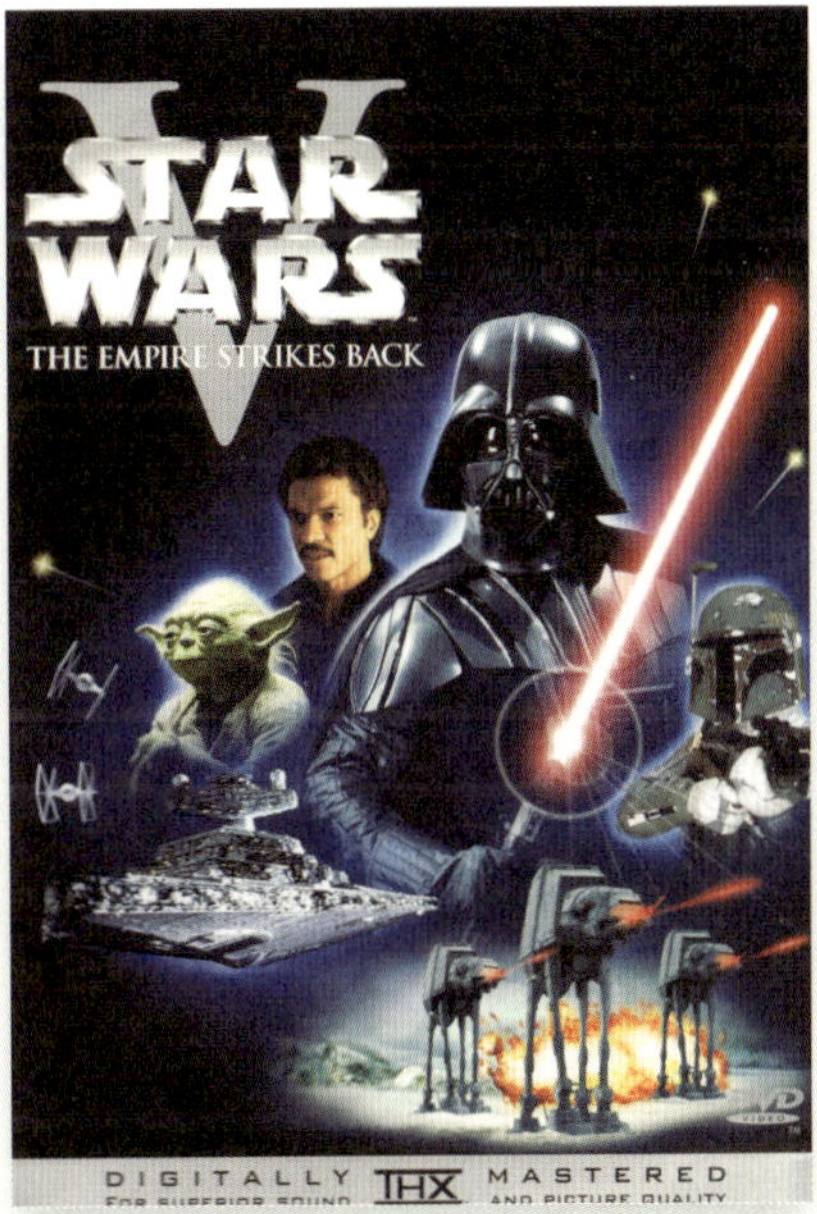

『スター・ウォーズ（エピソード5）／帝国の逆襲』
Star Wars (Episode V) The Empire Strikes Back

（配給：20世紀フォックス／ソフト販売：20世紀フォックス・ホーム・エンターテイメント・ジャパン）
1980年（米）／監督：アーヴィン・カーシュナー／
出演：マーク・ハミル、ハリソン・フォード、
キャリー・フィッシャーほか

実際に目にする前からメディアが「スゴい、スゴい！」と煽《あお》りまくっていた『スター・ウォーズ』は、間違いなく本当に「スゴいっ！」としか言いようのない映画だったのだが、観《み》終わった直後、「あれ？」という小さな違和感もあった。それをごく粗雑な言葉にしてみると、「で

も、お話はあんまりおもしろくないよなぁ……」

ということになる。あれだけ新しいビジョンがギュウギュウに詰まった映画なのに、物語は僕らがテレビで観てきた特撮ドラマやアニメとあんまり変わらない……という印象だったのだ。

ここまでは『スター・ウォーズ』を観たばかりの一一歳の子どもの感慨だが、これを大人になった今、もうちょっと分析してみると、僕は確かに「新しさ」に感動したが、それは物語から受ける衝撃ではなく、ビジョンの「新しさ」、もっと言えば登場するメカやアイテムなどのガジェットの「新しさ」への反応だった。作中に登場する「カッコいい！」と思える数々のモノを「所有したいっ！」という欲望の爆発だった。ミもフタもない言い方をすれば、感動というより「消費衝動」に近いものだったと思う。


それ以前にも、映画によって「消費衝動」を刺激されることはあった。例えば「ボンドカー」のミニカーや、「キングコング」や「ピンク・パンサー」の人形がほしくなるといったことはあったのだが、『スター・ウォーズ』は、その欲望が無限に増殖するような作品で、しかも、以前の映画とは桁違いの規模の「関連グッズ」の巨大マーケットも用意されていたのだ。「お話はつまらない」などということに拘泥しているヒマはなかった。結局僕は強力な「消費衝動」に突き動かされて、せっせと『スター・ウォーズ』グッズを集めることになったのである。

当時はタカラが販売していたケナー社のフィギュア、同じくタカラのダイカストモデルのシリーズ（「Xウィング」のデキがよかった！）、シヨボいフィギュアがおまけについていた「明治スター・ウォーズチョコレート」（「森永スター・ウォーズキャラメル」ってのもあったな）、王冠裏にキャラ写真がプリントされた「コカ・コーラ」のキャンペーン、そして一〇〇円のガチャガチャで集める「スター・ウォーズ消しゴム」（「ミレニアム・ファルコン」がなかなか出なかった！）……。僕も周囲の子どもたちも、とにかく大騒ぎしながら「モノ＝商品」を通じて『スター・ウォーズ』の世界に耽溺《たんでき》したのだ。

ディズニー体制でリブートされて以降、『スター・ウォーズ』は巨大な世界市場を形成する固定ファンの間だけでウケていればいいという、非常に閉鎖的で保守的な「ファンムービー」になってしまった、という批判もある。特定の人を喜ばしておけば自動的に巨額のカネが落ちる「集金マシーン」になった、というわけだ。

しかし、まだシリーズ化もされていなかった七八年の時点で、すでにその可能性は垣間見えていたと思う。『スター・ウォーズ』公開前、テレビで「前夜祭」という名目で特番が組まれた。番組内では、すでにアメリカで試写かなにかを観てきたらしいコアなファンたち（まだ「オタク」という言葉は流通していなかった）が、文字通り重箱の隅をつつくようなトリビア知識を競うカルトクイズを出し合って盛りあがっていた。覚えているのは「ルーク・スカイウォーカーは右利きか、左利きか？」というクイズ。正解は「左利き」（これが本当に設定上の正解かどうかは僕は知らないし、まったくどうでもいいが）。「いかにも」な感じのゲストの女性が「食事をする場面でルークは左手にスプーンを持ってるんですよね」などと得意顔で語っていて、当時の僕は「なんだか知らないけどイケすかないな、コイツら」と思ったのだった。

そして一九八〇年。それなりに『スター・ウォーズ』に夢中になっていた中一の少年だった僕は、待ちに待ったシリーズ第二弾『帝国の逆襲』を、例によって母親と一緒に観にいった。

多くの子がそうだったが、この作品がテレビドラマのように「つづく」という感じで終わってしまったことに、僕は心底衝撃を受けた。「ふざけんなよ、ルーカス！」と、裏切られた気持ちと落胆でいっぱいになった。

当時の子どもにとって、映画を観にいくことは特別な日曜日の贅沢な「お出かけ」である。そのあとでデパートでオムライスかなんかを食べつつ、「おもしろかったねぇ」などと映画の感想を言い合って、贅沢な「特別な日曜日」が暮れてゆくのだ。その映画がまるで茶の間で観るテレビドラマのように安っぽく物欲しげに「次回へつづく」となったことで、ずっと楽しみにしていた僕の「特別な日曜日」はいかにも中途半端になり、台無しにされてしまった気がしたのだ。

思えば、この『帝国の逆襲』は、僕にとっては親と観にいった最後の映画だった。映画が贅《ぜい》沢《たく》な「お出かけ」だった子ども時代の終わりだった。その後は、ひとりで名画座に通うことが多くなった。次作『ジェダイの復讐』（八三年。現タイトルは『ジェダイの帰還』）は、リアルタイムでは観ていない。もう観たくもなかった。

時代とズレまくった巨匠の遺作。

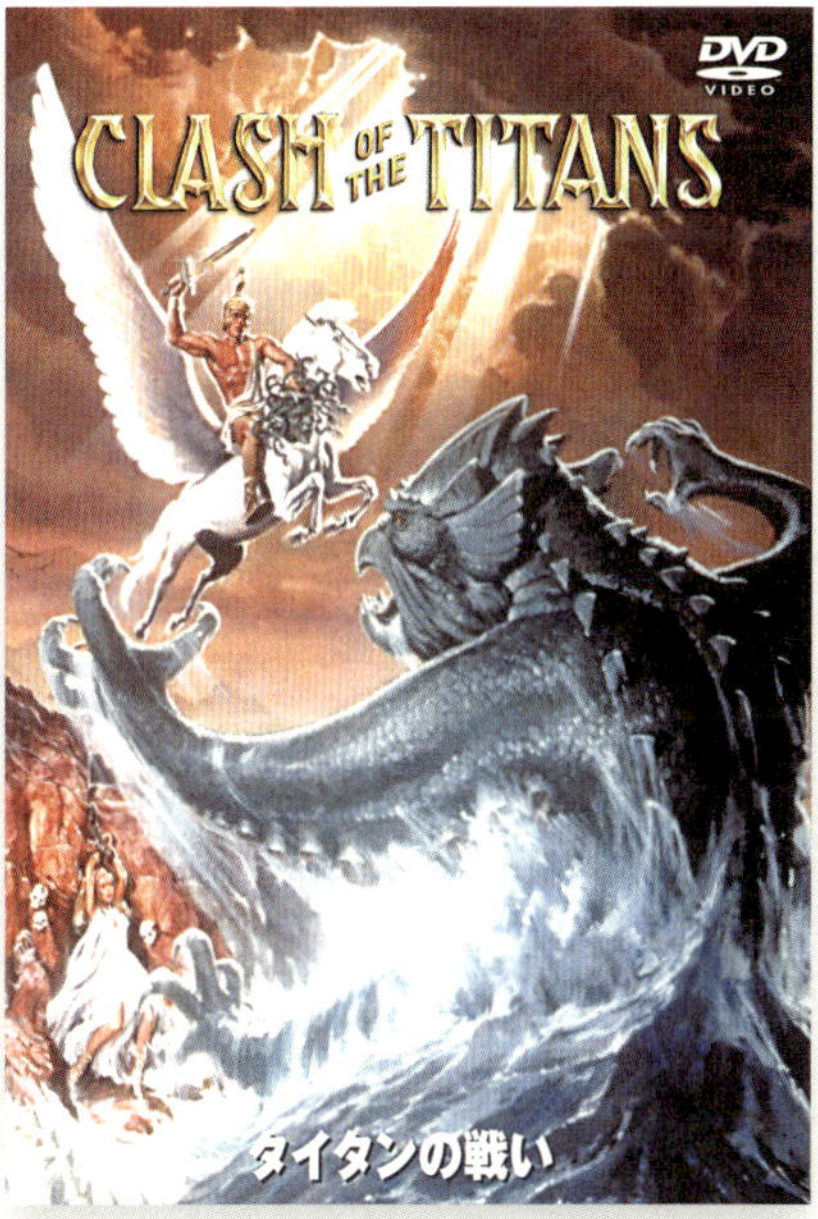

『タイタンの戦い』
Clash of the Titans

（配給：MGM、CIC／
ソフト販売：ワーナー・ホーム・ビデオ）
1981年（米）／監督：デズモンド・デイヴィス／
出演：ハリー・ハムリン、ジュディ・バウカー、
ローレンス・オリヴィエほか

八一年に公開され、現在ではハリーハウゼンの「最後の仕事」として語られる『タイタンの戦い』。僕は『虎の目』を観て以来、ハリーハウゼンには多大な思い入れを抱いていたのだが（この思い入れ自体がハリーハウゼン全盛期世代の特撮ファンからはトンチンカンに見えるのだろうけど）、

正直、この映画は観ていて本当にツラかった！「つまらない」とかではなく、この超古臭い特撮映像を『スター・ウォーズ』から三年も経た八一年に客に観せてしまえる感覚が、あまりに痛々しくてたまらなかったのだ。ハリーハウゼンの技術とセンスがここまで時代とズレてしまったことに、「もういいからやめてくれーっ！」と叫びたくなる衝動にかられた。本作は今よりも当時の方が古臭く見えた作品なのである。

ギリシア神話に基づくファンタジーというコンセプトが、すでに当時の子どもたちの嗜好《しこう》とズレまくっているのだが、ワガママな頑固オヤジでしかない「ゼウス」や嫉妬深い女神たちが行き当たりばったりに人間たちを翻弄《ほんろう》するだけのグダグダな脚本（まぁ、モチーフの神話がそうなっているのでしかたないんだけど）に、『スター・ウォーズ』以後では前時代的としか思えない古典的なコマ撮り人形アニメと不自然な合成の特撮……。薄ら寒くなるような場面の連続に、観ているほうとしては「どこを楽しめばいいんだ？」と戸惑ってしまう。

いや、本作の特撮技術も実はスゴいのだが、つくづく『スター・ウォーズ』という作品は観客の感覚を変えてしまったんだなぁ、と思う。あの「大人の鑑賞にも耐えるSF娯楽大作」の登場によって、従来のアイデアとセンスでつくられた特撮映画は一瞬にして古くなった。チープでいい加減、子どもだましのB級「見世物映画」にしか見えなくなってしまった。そのことを『タイタンの戦い』を観てあらためて痛感した。

しかし……。今回『シンドバッド』シリーズをはじめとしてハリーハウゼン作品をザッと観なおしてみると、どうもなんだかモヤモヤする。僕は『スター・ウォーズ』には「物語的な感動は感じなかった」と先に書いたが、『虎の目』などの『シンドバッド』シリーズには、初めて観たときの総毛立つような興奮を、今もそれなりに感じてしまうのだ。

　この感動の正体は、『虎の目』の項で書いたとおり、幼少期に絵本などで読んだ童話・寓話・神話の記憶を映画が刺激することにあると思う。ハリーハウゼンの『シンドバッド』は『アラビアンナイト』とは直接関係はないのだが、それでも古今東西の昔話の断片が含まれていて、古典的な「冒険と魔法」の物語として構成されている。うまく言えないが、映画を観ていると幼いころに刻まれた数々の物語の記憶がザワザワとざわめくような感じがあって、映画の向こう側に長い歴史のなかで語り継がれてきた昔話や神話の世界が広がっていることを、妙に生々しく実感できるのだ。この感じの根底にあるのは、大人が子どもに物語を語って聞かせるときの普遍的な「語り」の娯楽性だと思う。この「語り」の摩訶《まか》不思議な世界を、ハリーハウゼンは魔法のような特撮で具現化し、何倍にも拡張して見せてくれた。だからこそ、僕らの「物語ＤＮＡ」みたいなものが呼応してざわめくのだろう。

　一方、『スター・ウォーズ』もまた一種の神話的・寓話的要素を多く含む作品だといわれているが、僕にはどうも、あの作品の背景にあるのは「昔話や神話の世界」ではなく、単なる「無数の設定」にすぎないように思える。それはコアなファンが知識を競ったり、二次創作を量産して楽しむには非常に魅力的なものかもしれないが、僕らのＤＮＡに刻まれた物語の記憶はざわめかない。その理由は、無数の人によって語り継がれてきた物語と、誰かが脳内で考案した物語との「強度」の差であると同時に、子どもに物語を語って聞かせる「大人」の不在にあると思う。『スター・ウォーズ』は、子どもの嗜好を熟知している「天才的な子ども」が考案した「設定の集積」のようにしか思えない。観客とつくり手が同じ地平で水平にやりとりする「情報」でしかなく、『シンドバッド』シリーズのように、太古の物語が上から下へと「降りてくる」ような不思議な感じ、つまり本来の神話性・物語性みたいなものは、少なくとも僕にはまるで感じられないのだ。

要するに、今の僕には「大人の鑑賞にも耐えるＳＦ娯楽大作」としての『スター・ウォーズ』が、子どもが子どものためにつくった精巧な「子どもだまし」に見え、老いぼれたジイさんが孫に聞かせる「おなじみの昔話」のようなハリーハウゼン映画が、なぜか「大人の映画」に見えてしまうのである。そして、『スター・ウォーズ』の革新性と、今も現役の巨大な「集金装置」として君臨できている要因は、「子どもがつくった子どもの映画」という民主的な（あるいはサブカルチャー的な）属性にあると思う。

「おい、そこの坊主、おもしろい話を聞かせてやろうか」と、偉そうに上から「ホラ話」を語るインチキなジイさんの居場所は、八〇年代以降はすっかり消えてしまったのだ。

何度も書いている通り、我が家は「残酷な映画はダメ！」という方針だったが、特に「観《み》たい」とねだったわけでもないのに「あんな映画は絶対に観ちゃダメよ」と、親からまっさきに釘を刺された作品があった。『グレートハンティング』（一九七六年）でも『ジャンク』（八〇年）

公開時は「謎のヤバイ映画」だった。

『マッドマックス』
Mad Max

（配給：ワーナー・ブラザース／
ソフト販売：ワーナー・ホーム・ビデオ）
1979年（豪）／監督：ジョージ・ミラー／
出演：メル・ギブソン、ジョアン・サミュエル、
ヒュー・キース・バーンほか

でも『食人族』（八三年）でもなく、『マッドマックス』である。今から考えると不思議な話だが、この作品は公開時、メディアなどでは「恐ろしく暴力的な映画」として話題になっていた。ウチの母親もラジオかなにかで誰かが「あれはヒドイ！　あんな映画が許されていいのか？」といったコメントをしているのを聞いたらしく、僕の機先を制したのだ。

『マッドマックス』といえば、低予算かつ辺境のオーストラリア映画だったからこその斬新なスタイルでアクション映画を革新した傑作であり、近年まで続く名シリーズの第一作である。確かに暴力的な映画ではあるが、当時の刑事アクションと比べてことさら陰惨なわけでもないし、直接的なグロ描写などはほとんどない。しかし、なぜか当時のメディアは、この作品を批判するにしても持ちあげるにしても、ことさら「暴力性」を強調していた。

禁止令を喰《く》らっていた僕は公開時は観られず、中学になってから名画座で観たが、当時の大人たちが目くじらを立てていた理由もなんとなくわかったような気がした。西部劇などにもよくあるパターンとはいえ、妻子を殺された主人公の容赦ない復讐譚《ふくしゅうたん》という展開、従来の映画とは次元の違う壮絶なカーアクション（というか、リアルな交通事故描写？）、そしてなにより予算の少なさや市街地でのロケができなかったことから、オーストラリアの荒野で本物の暴走族の協力を得て撮影されたという作品全体に漂う異様なほどに殺伐とした雰囲気が、見る人によっては「これはヒドイ！」という印象を与えたのだと思う。そういう意味では、モロなグロ描写は少ないにもかかわらず、低予算ゆえの数々の工夫で「最凶映画」の風格を獲得し得た『悪魔のいけにえ』(七五年)などにも近い作品なのかもしれない。

小学生時代の公開時、クラスで実際に本作を観たという子は少なかった。しかし、噂《うわさ》だけはあれこれ伝わってきて、これはどこの学校でもそうだったらしいが、「撮影中にスタントマンが何人も死んだらしい」という都市伝説的なデマが流布していた。カークラッシュのシーンで「これはどう見ても死亡している!」としか思えない場面があるため、この「死人が出た!」というデマは世界中で囁《ささや》かれていたという。

さらには、これはウチの学校だけだったのかもしれないが、「本物の死体を撮影に使っているらしい」という噂もあった(同じ噂は翌年公開の『エクスタミネーター』についても言われていたが)。『マッドマックス』は予告編や夕方に頻繁に流れていたテレビCMも強烈だった。特にあの印象的な「目ん玉飛び出し」のカットが使用されていて、別にこれ自体は暴力シーンではなく、断末魔の驚愕《きょうがく》の表情の誇張演出でしかないのだが、観たこともない表現に僕らは「なんじゃ、この映画は?」とビックリしたのである。とにかく「なんだか知らないけどトンデモない映画らしい」という印象があったため、「本物の死体を使っている」という荒唐無稽なデマも、なんとなく信じてしまったのだろう。

本作は予算の都合上、市街地でのロケや潤沢なエキストラを使用できず、終始ひとけのない荒野ばかりで撮影しなければならなくなったため、苦肉の策で「荒廃した近未来」という設定を採用している。なぜ荒廃したのかといったことはほとんど説明されず、ただ漠然と文明は衰退し、国家権力は弱体化し、警察権力もほぼ機能しなくなって、ひたすら殺伐とした無法地帯が広がっているらしい……ということになっていて、この「らしい」という曖昧さが独特の雰囲気になっていておもしろい。

続く「マッドマックス２」（八一年）では、このあたりがかなり明確になり、未来の世界大戦後の完全に文明が崩壊した世界を描いて、その後のＳＦ作品に多大な影響を与えた。70年代のＳＦ作品を支配していた「終末感」のさらにその先、「核戦争後の世界」といった80年型の「ディストピア的未来観」を決定づけた作品だった。ある意味でＳＦにおける新しいタイプのジャンルを確立してしまった『２』がシリーズ中、もっとも重要作で人気も高いが、僕は『１』にあった曖昧に謎めいていて、とにかく「とてつもなくヤバイ！」という予感に満ちた雰囲気が好きだ。これはやはりシリーズ一作目ならではの暗中模索的な作業から生まれる独特の魅力なのだろう。

問題は三作目の『マッドマックス／サンダードーム』（八五年）である。僕も多くの人々と同様、公開時は肩透かしを喰《く》らいまくって「どうしちゃったの？」と落胆した。「なんで『マックス』が『ロンパールーム』のお姉さんみたいに子どもたちとたわむれているんだ？」と、観ていて頭がクラクラしたが、大人になってから観なおしてみると、これがなんとも感動的で美しい作品なのだ。『1』で「文明の衰退」の過渡期、『2』で「終末後の世界」を描き、『3』ではまたさらにその先、「文明の崩壊」という歴史がすでに遠いものとなっていて、かつて存在した「文明」が伝説や神話のように語り継がれている世界が描かれている。「マックス」は神話として記憶される「救世主」として登場するのだが、野蛮な弱肉強食世界で宗教（支配のシステムではなく、希望の物語としての）が立ちあがってくる最初の瞬間を捉えようとしているようで、つくづくジョージ・ミラーという監督は変な人というか、不思議な発想の人だなぁ……と思う。『マッドマックス』シリーズ以外では、いわゆる「ファミリー映画」ばかり撮っているという不思議なフィルモグラフィーも、この変な資質、誠実で徹底的にポジティブという世界観の持ち主ゆえなのかもしれない。

あの砂漠の子どもたちが、かつて存在したテレビというテクノロジーをマネてつくった木枠を使って自分たちの神話を「マックス」に語って聞かせる場面。公開時の僕は、あの場面にこそ「ロンパールームかよ！」とイライラしたのだが、今はあれを観るたびにウルウルしてしまう。どれほど絶望に打ちのめされていようとも、人はあるべき正しい世界を希求する……。あの場面には、『マッドマックス』サーガという非常に奇妙で不思議なシリーズの核心があるような気がする。

「夢のような青春」という絵空事。

『グリース』
Grease

（配給：パラマウント映画＝CIC／
ソフト販売：パラマウント・ホーム・エンタテインメント・ジャパン）
1978年（米）／監督：ランダル・クレイザー／
出演：ジョン・トラボルタ、オリビア・ニュートン・ジョン、
ストッカード・チャニングほか

観《み》るたびに「しょーもない映画だなぁ」と思ってしまう。初めて観たのはテレビ放映があった80年代初頭の中学生時代だが、そのときも「しょーもない映画だなぁ」と思ったし、その後、大人になってから何度も観返し、そのたびに「やっぱりしょーもない映画だなぁ」と思う。つま

り、「しょーもない」と思いつつ、僕は何度もこの映画を観ているのだ。「青春」とやらから遠く離れしまった歳になって以降も、いや、歳をとればとるほど、なぜか見返す頻度は高くなっているような気がする。要するに、結局は大好きな映画なのだ。

『サタデー・ナイト・フィーバー』（一九七八年）で巻き起こった「トラボルタ・ブーム」のころ、僕らは小学生で、もちろんディスコなんぞとは縁もゆかりもないし、映画も観ていなかったが、それでもブームは子どもたちまで巻き込んで社会現象化していた。僕らはわけもわからず「フィ〜バ〜！」と『熱中時代』のテーマを歌っていたのだ。そのさなかに「トラボルタ作品第二弾！」みたいな感じで封切られたのが『グリース』だった。で、この『グリース』のブームにも、僕らはわけもわからないままにのっかったのである。

『グリース』には、『サタデー・ナイト・フィーバー』よりも子どもたちを惹《ひ》きつける要素が多かった。わかりやすいファッションとしての「不良性」が提示されていたからだ。

当時、原宿の歩行者天国では「ローラー族」が元気に踊っていた。「ローラー族」ってのは、男は革ジャンにリーゼント、女の子はポニーテールに水玉のパラシュートスカートという50's ファッションで、オールディーズのロックやロカビリーをラジカセで鳴らして路上で踊りまくっていた連中だ。こうしたバック・トゥ・オールディーズなカルチャーの発端には、七〇年代後半から八〇年代初頭をレトロな時代に、50's と 60's

のリバイバルの時代にしてしまった『アメリカン・グラフィティ』（七四年。別項で解説）があったわけだが、『グリース』もこの流れを加速した映画だった。

『グリース』公開と同年、かの「ブティック竹の子」が竹下通りにオープンし、ほどなくして「竹の子族」がホコ天に台頭してくる。「竹の子族」は日本独自の、というか千葉・埼玉などから原宿に遠征してくる子たちの特異な文化（?·）だったが（この延長線にあるのが後の「よさこい」などのエセ和風回帰現象だと思う）、こういう形でアメリカンオールディーズと東京近郊の（当時の言い方をすれば）「カッペ文化」、そして以前から世間を騒がせていた暴走族の風俗がグシャグシャに混ざって、八〇年代初頭を席巻した「ツッパリ文化」が誕生してくる。八〇年代にツッパリ・スケ番御用達の店として全国的に有名になった原宿のファッション雑貨店「クリームソーダ」（当時、小中学生の間では「うっかり足を踏み入れると即座にカツアゲされる」と恐れられていた）も、店名の語感からもわかる通り、もともとはアメリカンオールディーズに特化したショップだったのだ。

『グリース』のブームのころ、僕らはよく日曜日になると原宿のホコ天の狂乱を見物しに行ったが、当時は「ローラー族」と「竹の子族」が縄張り争いで対立していた。日本独自の不良文化が確立され、アレコレの価値観や美意識が「ツッパリ」に統合されてしまう直前の過渡期で、まだ正統派のアメリカンオールディーズ的な不良性が大きな位置を占めていた。つまり、『グリース』とか『ワンダラーズ』（七九年）みたいな風景が、本当にそこにあったのだ。

　実際に『グリース』を観てきたヤツはクラスで数人だった。映画本編を観てもいないくせに、僕らはみんな映画に出てくる不良チーム「T・バーズ」や、スケ番グループ「ピンクレディース」に憧れた。当時、僕らの間で流行ったのが、『グリース』のブームを受けて渋谷や原宿の雑貨屋などが売りだしたカッコいい缶入りの「グリース」。ペパーミントやストロベリーの香りつきだった。まさか小学生が頭に「グリース」を塗りたくってリーゼントにするわけにもいかないので、ちょびっとだけ前髪につけてみたり、授業中にこっそり缶を開けて、匂いを嗅《か》いで楽しんだりしていたのである（アホである）。

　冒頭で『グリース』は「しょーもない」と書いたが、その「しょーもなさ」がこの映画の魅力だ。大した意味のないアレコレの問題が起こって、それがいつの間にか大した意味のない解決をむかえるだけで、要するに「ほとんどなにも起こらない」。この時代の青春映画の王道だ。

　で、なぜか出てくる役者の顔がみんな「おもしろい」。わざとなのかなんなのか知らないが、ファニーフェイスのオンパレードである。主役のトラボルタからして、当時よくいわれていたように愛嬌のある「サル顔」だが、しかし、オープニング・タイトル後の最初の登場、名前を呼ばれてふり返り、ぱっとアップになったときの色気というのかなんというのか、ああいうところの魅力は「やっぱりスゴいなぁ」と思う。「ピンクレディース」の面々も一度観たら忘れられないブサイ……いや、個性的な顔ばかりで、

「もうちょっとなんとかなんなかったのかな?」とも思うが、リーダーのストッカード・チャニング(三四歳で女子高生役!)を筆頭に、なぜかみんな妙にチャーミングなのである。

唯一、当時から小学生にまで「これはない!」と言われていたのがヒロインのオリビア・ニュートン・ジョンだ。今観ても彼女の女子高生役には「お前、生徒じゃなくてPTAだろ!」と叫びたくなるが、まぁ、とにかく全体的に老け顔ばかりの不思議な高校なので、ギリギリでバランスは保たれているのである。それに、この映画は彼女の歌声がないとやはり成立しないのだ。

『サタデー・ナイト・フィーバー』には、たとえば『ロッキー』(七七年)などと同じように、かすかにアメリカン・ニューシネマの香りがしていた。暗くて苦いニューシネマと、一気に明るくなる八〇年代映画の端境期の作品だった。しかし、『グリース』は完全にアホ映画で、終始ひたすら明るい。観ているこちらがちょっと心配になるくらい手放しで明るい映画だ。

もともとは舞台のミュージカルだからということもあるのだろうが、やはりこの時代のアメリカには、六〇年代からずっと続いてきた時代の空気の暗さと重さに、ほとほと嫌気がさしていた人が多かったのだと思う。アメリカが溌剌《はつらつ》としていたころに、ドアーズやジミヘン以前の時代に(『アメリカン・グラフィティ』ではビートルズやビーチ・ボーイズも敵視されていたが)、つまりはベトナム戦争以前の「あの楽しかったころ」に戻りたいという想いが、ひとつの大きなムーブメントになっていたのだと思う。

この映画では時代が一九五九年に、つまり、わざわざ「五〇年代の最後の年」に設定されているのも、そうした当時のアメリカのノスタルジア願望のモロな現れなのだろう。そして、アホみたいにひたすら明るい『グリース』に、なにかちょっと不思議に切実な、微妙に悲しい感触があるような気もするのは、やはりどこかに「もうあのころには戻れない」という諦念が含まれているからだと思う。というより、こんな夢のような「青春」など、本当はいつの時代にも、どこにもありはしなかった。それでも「今はこういう夢を見ていたい！」というような、ヤケクソな明るさが切実なのだ。そのことが、二度と戻らない「青春」をついつい美化して思い出してしまうという、誰もが共有する「しょーもなさ」に絶妙にリンクするのだと思う。

映画のラスト、作中に空想上のクルマとして登場する夢のホットロッド、「グリースド・ライトニング」が実体化して登場し、トラボルタとオリビアを乗せて、あろうことか空を飛ぶ！『チキ・チキ・バン・バン』（六八年）と同じファンタジックな「なんちゃってエンディング」だ。もっと言えば、僕らが劇場で観た悪名高いハッピーエンドバージョンの『ブレードランナー』（八二年）と同じ、文字通りの「絵空事」である。これほど馬鹿馬鹿しい映画の終わり方もないと思うが、あれを観るたびになんともいえない気分になる。あの馬鹿馬鹿しさが、結局は「青春」というものの「感じ」に一番似ている気がする。

80年代は50年代だった。

『アメリカン・グラフィティ』
American Graffiti

（配給：ユニバーサル映画＝CIC／
ソフト販売：ソニー・ピクチャーズ・エンタテイメント）
1974年（米）／監督：ジョージ・ルーカス／
出演：リチャード・ドレイファス、ロン・ハワード、
ポール・ル・マットほか

八〇年代を回顧するとき、なぜか話題からごっそりと抜け落ちてしまいがちなのが、当時の若者文化を席巻していたはずのオールディーズ・リバイバル現象だ。特に八〇年代のなかばあたりまでは、明らかに「バック・トゥ・50's」の時代だった。日本の場合は50'sと60'sカルチャーがご

っちゃになっていたが、とにかくファッションや音楽、さまざまなCMや広告のイメージ、各種店舗のインテリアなどにおいて、「古き良きアメリカ」をイメージさせるものがイケてるとされていたのである。

男ならリーゼントにライダーズジャケットやスカジャン、ロカビリー風のボウリングシャツ、女の子ならポニーテールに大きなリボン、水玉のパラシュートスカートやノースリーブのワンピース、そんな若者たちが街（といっても渋谷や原宿など、東京の繁華街が中心だったと思うが）にあふれ、うちの母親などは「なんで今の子たちは私の若いころみたいなかっこをしてるの？」と不思議がっていた。

この傾向は徐々に日本独自のツッパリ・スケ番文化に吸収されてよくわからないものになっていったが、当時の50'sリバイバルが「和風」の不良文化に変換される過程を象徴しているのが、ストレイ・キャッツと横浜銀蝿の関係だと思う。いや、このふたつのバンドはまったくなんの関係もないのだが、八〇年代初頭、ストレイ・キャッツが「考案」したパンクとロカビリーの融合によるユニークな音楽は、ファッションを含めたネオロカビリーというムーブメントとなって世界中を熱狂させた。その影響は日本にも押し寄せ、一九八一年の初来日時には僕ら中学生も浮足立ったが、同時期に横浜銀蝿の「ツッパリHigh School Rock'n Roll」が大ヒットし、我々のクラスに「ストレイ・キャッツvs横浜銀蝿」みたいな妙な対立ができあがってしまったのだ。

しかも大半の子は「ストレイ・キャッツより

銀蝿のほうがカッコいいよな」などと主張しはじめ、「いや、ちょっと待ってくれ！」と僕ら洋楽派は激怒した。「作曲能力も演奏能力も超高いストレイ・キャッツと銀蝿は、いくらなんでも次元が違いすぎる！」といくら主張しても、リーゼントの不良スタイルでスリーコードの古典的ロックを演《や》るということで、ふたつのバンドは常にいっしょくたにされ、中学生の世界ではわかりやすい銀蝿のほうがはるかに優勢になってしまったのである。あのとき、僕らはアメリカン50's カルチャーがツッパリ文化に「上書き」される瞬間を体感したのだと思う。

八〇年代の「バック・トゥ・50's」な傾向は、もちろん日本独自のものではなく、欧米を中心とする世界規模の大きなムーブメントだった。そのトリガーとなったのが、ジョージ・ルーカスが『スター・ウォーズ』の三年前に監督した『アメリカン・グラフィティ』だ。『スター・ウォーズ』の影響があまりにも大きすぎて、こちらは少しかすんでしまっているようにも見えるが、間違いなく八〇年代なかばまでのユース・カルチャーの基調を決定づけたのは『アメリカン・グラフィティ』であり、七三年の映画が一〇年間も若者文化全般に影響を与えつづけたという意味では、『スター・ウォーズ』と同等か、もしくはそれ以上に巨大な作品だった。特にファッションとポップミュージックに与えた直接的影響を考えれば、僕らの世代の映画のなかではもっとも「エポックメイキングな」と称するにふさわしい作品だったと思う。

『アメリカン・グラフィティ』は無数のパクリ

作品を生みだし、オールディーズが流れまくる「古き良き時代」が舞台の青春映画をひとつのジャンルにまで発展させた。というより、アメリカンニューシネマ的ではない、七〇年代後半から八〇年代初頭にかけての明るく楽しい青春映画(『アメグラ』自体は「明るく楽しい」とは言い難いが)というジャンルそのものを創出してしまった。オールディーズのロック、卒業パーティーやダンスパーティー、ダイナーやパーラー(ローラースケートを履いたウェイトレスがいる「カーホップ」!)、ドライブインシアター、ストリートのカーレース対決……などなど、その後の僕らがさまざまな青春映画で飽きるほど目にした定番の道具立てが、すべてこの一本の映画のなかに揃《そろ》っている。観《み》なおしてみると、そうしたことにあらためて驚いてしまう。

それらは「アメリカがアメリカであった時代」の象徴のような風景だ。『アメリカン・グラフィティ』の時代設定は一九六二年、ベトナム戦争前の「古き良き時代」が終わろうとしている時期である。七〇年代初頭のアメリカにおけるこの日々への憧憬《しょうけい》は、単なるノスタルジアとは違う切実なものだったのだろう。

ちなみに、『アメリカン・グラフィティ』には『2』(七九年)がある。こちらは『1』のテーマをまるごとひっくり返したような映画で、反戦運動と学園紛争で大荒れの時代を舞台とした後日譚《たん》だ。ほとんど黙殺されてしまった作品で、「便乗ゴミ映画」といわれてしまうことも多いようだが、こちらも誠実で果敢な良作である。

ゴダールが見つめた
ストーンズの暗部。

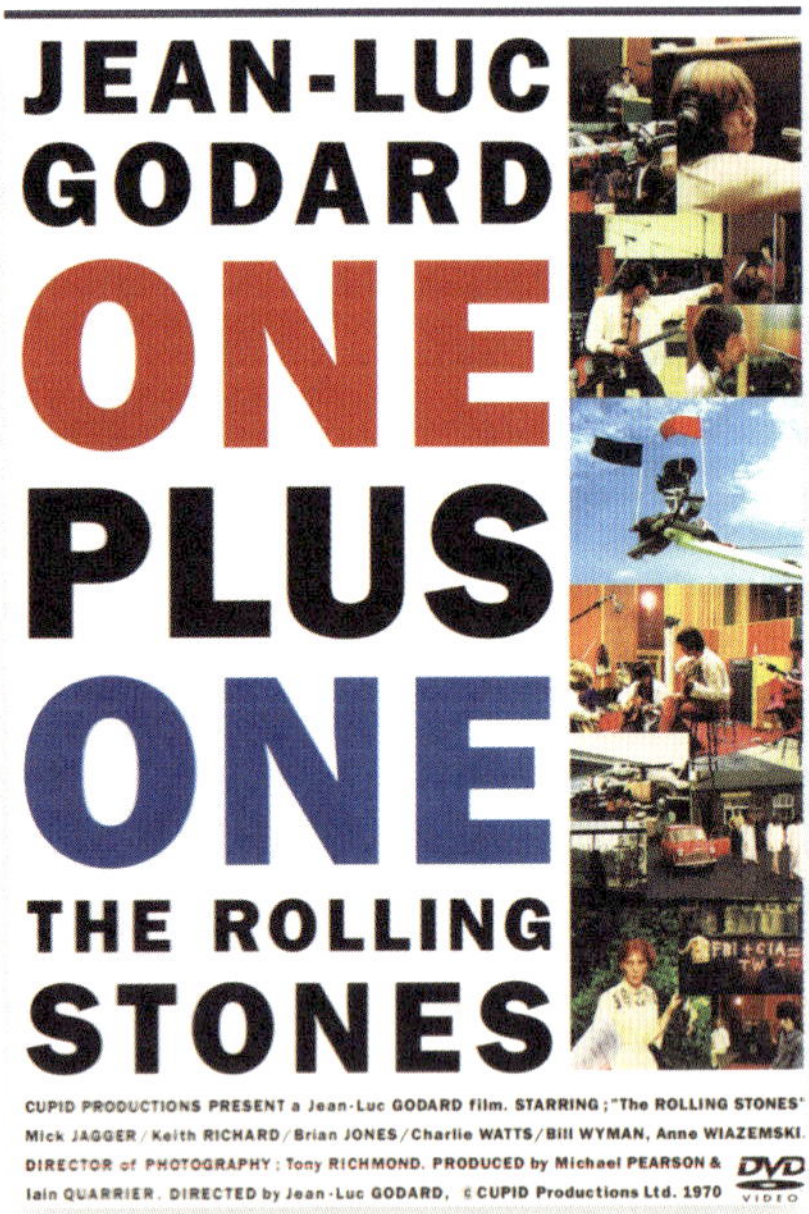

『ワン・プラス・ワン』
One Plus One

（配給：フランス映画社／ソフト販売：KADOKAWA）
1978年（英）／監督：ジャン・リュック・ゴダール／
出演：ザ・ローリング・ストーンズほか

中学にあがると、僕は完全にロック少年になっていて、とにかくローリング・ストーンズに夢中だった。読む本や観《み》る映画も「ストーンズ的」なものが多くなり、そういう経緯でゴダールにも接近することになった。もちろん『ワン・プラス・ワン』である。ストーンズが「悪魔を憐れむ歌」を録音していくドキュメントに、ブラックパンサー党を彷彿《ほうふつ》させる黒人革命武装集団の動向を追うフィクションパートを重ねた作品だ。ゴダールのフィルモグラフィーとしては、いわゆる「政治の時代」、商業映画との決別を宣言し、政治的な活動と政治的な作品制作に邁進《まいしん》していった時代の映画である。

もちろん中学生の僕はそんなことはつゆ知らず、単に「動いているミックとキースが見たい!」というだけで『ワン・プラス・ワン』を観にいった。ビデオも普及しておらず、MTVもない時代、海外のバンドの映像を目にする機会は本当に貴重だったのだ。

映画館は池袋の文芸坐だったか、大塚名画座だったような気がする。二本立てのプログラムで、内容は『ヒア&ゼアここよそ』(一九七六年)、『ワン・プラス・ワン』、そして『気狂いピエロ』(六五年)。

で、僕のゴダール初体験は『ヒア&ゼア』だったのだが、正直、これはキツかった! 一四歳で観てから一度も観なおしていないのでほとんどなにも覚えていないが、たった一時間弱の作品が印象では三時間くらいに感じられた。

グッタリしたところではじまった『ワン・プラス・ワン』。これにはさすがに興奮し、一気に眠気が吹き飛んでシャキッと覚醒した。『ベガーズ・バンケット』のころ、僕が一番好きな時代のストーンズのセッションの光景が、あまりにも生々しく展開される。そして、ブライアン・ジョーンズ!「これ、本当に演出じゃないの?」と驚くくらいに、かつてのバンドのリーダーが陰湿に疎外され、わかりやすく追い詰められていくプロセスが残酷に記録されている。「悪魔を憐れむ歌」の録音が少しずつ完成に近づき、演奏がどんどんドライブ感を高めていくとともに、彼の居場所がスタジオからなくなっていく。

　この過程には、ちょっと直視できないくらいの絶望感があった。この撮影の翌年、彼の死体が自宅プールに浮かぶことになるのだ。

　興奮と狼狽《ろうばい》のなかで観た三本目の『気狂いピエロ』。その後に何度も観た作品だが、初めて観たこのときの印象は極めて薄い。

　覚えているのは、隣りに座っていた女子大生みたいなお姉さんだ。このお姉さん、あのジャン・ポール・ベルモンドの自爆シーンでヒクヒクと肩を震わせ、ハンカチがグショグショになるくらいに大泣きしはじめたのである。僕は「そこまで泣き崩れるようなシーンだろうか？　僕は鈍感なのだろうか？」と真剣に悩みつつ、「すごいな、僕も大人になったら、この映画でこんなふうに泣けるのかな？」と思った。

　大人になったが、いまだに『気狂いピエロ』で泣いたことは一度もない。

字幕なしの海賊版で観《み》た「幻の作品」。

『パフォーマンス 青春の罠』
Performance

（配給：ケイブルホーグ／
ソフト販売：ワーナー・ホーム・ビデオ）
1998年（製作は70年）（英）／監督：ニコラス・ローグ、
ドナルド・キャメル／出演：ミック・ジャガー、
アニタ・パレンバーグ、ジェームズ・フォックス

その昔、「フィルムコンサート」という興行があった。主に海外アーティストのライブ映像をフィルムやビデオで上映するもので、『ぴあ』にも「フィルムビデオ&レコードコンサート」という項目があって（「レコードコンサート」というのは文字通り観衆を前にレコードを再生するだけの

イベントだった）、どこでなにが上映されるかのスケジュール一覧が常に掲載されていた。会場はあくまでも小規模で、専門の小屋があるわけではなく、デパートの特設会場（渋谷西武などでよく開催されていた）や楽器店・レコード店の一角、図書館などで行われる。個人経営の喫茶店やライブハウスなどが会場になることも多く、海賊版のソフトをこっそり上映する怪しいイベントなども多かった。

ストーンズに夢中になりはじめたころ、僕はこうしたイベントに通いまくっていた。ロック系の「フィルムコンサート」はやはり怪しげなものが多くて、よくわからない雑居ビルの倉庫のような空き室とか、喫茶店の二階の物置に暗幕を張りめぐらしただけの会場で、どう考えても観客がこっそり持ち込んだカメラで撮影したとしか思えない画質の悪いライブ映像を流す、というパターンが大半だった。

あるとき、ストーンズの一九八一年のＵＳツアーの秘蔵フィルムを上映するという「フィルムコンサート」があって（ハル・アシュビーの『レッツ・スペンド・ザ・ナイト・トゥゲザー』が正式公開される一年ほど前だったと思う）、僕は喜び勇んでかけつけた。このときの会場がどうしても思いだせない。神保町の三省堂本店の近くの雑居ビルの二階か三階だったと思うのだが、今あのあたりをうろついてみても、それらしいビルはないのである。とにかく狭くて真っ暗な部屋に、椅子代わりの木箱をいくつか並べたような会場だった。中学生の子どもなど僕ひとりで、ほかの一〇人程度の客は、なにやら気怠《けだる》そうな表情のお兄さんやお姉さんばかりだった。

ストーンズのレコードがかけっぱなしになっている会場でしばらく待っていたが、定刻を過ぎてもなかなかイベントがはじまらない。すると長髪のアンちゃんがすまなそうな顔で客の前に立ち、「すみません。まだフィルムがこちらに到着していません。しばらくの間、これを観ていてください」などと言う。その「これ」というのが、なぜかレッド・ツェッペリンのライヴ映画『狂熱のライヴ』だった。当時の僕はハードロックやヘヴィメタルの音が苦手で、ツェッペリンもダメだった（今は好き）。この『狂熱のライヴ』は一三〇分以上もある映画なのだが、それをまるまる上映したのである。しかもこの作品、バンドの状態もチンタラしているし編集も最低、死ぬほど退屈なのだ。ますますツェッペリンが嫌いになってゲンナリした。

ようやく終わったと思うと、またアンちゃんがすまなそうな顔で出てきて、「すみません。まだフィルムが来ません。しばらくの間、これを観ていてください」と言う。「フィルムが来ない」というのがどういうことなのかわからなかったが、今思えば、たぶん別の会場でも同種のイベントをやっていて、同じフィルムを持ちまわりで使用していたのだと思う。で、次の「これ」が、ニコラス・ローグ監督のミック・ジャガー主演映画『パフォーマンス 青春の罠』だったのだ。当時はまだ日本未公開作品で（公開されたのは九〇年代に入ってからだ）、僕も本などでしか知り得なかった貴重な作品だ。「うわっ、これはスゴいことになった！」と身構えながら観た。もちろん字幕はなし。画質も極めて悪く、間違いなく海賊版だったのだろう。

男性至上主義的な世界で生きてきたマッチョなギャングが、ミック・ジャガー演じる隠居したロックスターの部屋に逃げ込んできて、ミックとアニタ・パレンバーグとクスリに翻弄《ほんろう》されまくって混乱しまくる……というだけのカオスなドラッグムービーを、字幕もなしで中学生に理解できるわけもなかった。が、なにしろ当時は動いているミックを目にするだけでもレアな体験だったし、ストーンズ本では「魔性の女」として悪名高く、アレイスター・クロウリー直伝の黒魔術を使う「魔女」として語られるアニタ・パレンバーグの動いている姿は、もうそれだけで感動的だった。なにがなんだかまったく理解できなかっただけに、年端のいかないガキには本当に「ドラッグムービー」そのものとして作用したようで、上映後は、混乱と疲労感でボ〜ッとしてしまった。

後年、観なおしてみると、意外にちゃんと整理されている作品だし、意外と退屈だった。ニコラス・ローグ作品としては、やはり傑作『赤い影』(七三年)、そして個人的には『マリリンとアインシュタイン』(八三年)などのほうが断然おもしろいと思う。

『パフォーマンス』の上映が終わると、また長髪のアンちゃんがすまなそうに出てきた。

「すみません、まだフィルムが……」

いい加減にしろっ!

モテまくるリンダ・ブレア……という不条理。

『ヘルナイト』
Hell Night

（配給：東宝東和／ソフト販売：ハピネット）
1982年（米）／監督：トム・デ・シモーネ／
出演：リンダ・ブレア、ヴィンセント・ヴァン・パタン、
ピーター・バートンほか

中学生になり、ひとりで名画座に通うようになってからは、それまで禁止されていたホラー映画もアレコレ好き勝手に観《み》るようになったが、

ちゃんと封切り館で観た最初の新作ホラー映画が、たぶんこの『ヘルナイト』だったと思う。

僕は八〇年代に量産されたアメリカ産ホラー映

画、つまり『13日の金曜日』(一九八〇年)あたりから続々登場するスラッシャー映画がどうも苦手で、こうしたものはテレビでしか観ていなかった。『ヘルナイト』もどうもその類の作品らしいので興味はなかったのだが、友達に誘われて三人で渋谷スカラ座へ観にいったのだ。

当時、テレビでも盛んに宣伝されていて、それなりのヒットを記録したと思うが、観終わった僕らの感想は「なんじゃ、ありゃ?」だった。で、そのまま今はなき渋谷の格安レストラン「ジョイタイム」に直行し、主演のリンダ・ブレアの悪口大会がはじまったのである。『エクソシスト2』のとき同様、友人たちはまた「ただのブタじゃねーか!」(僕は言ってません)とやりだし、個人的にはリンダ・ブレアに好感を抱いていた僕だったが、さすがに『ヘルナイト』の彼女については「これはちょっとマズイのではないか?」と思わざるを得なかった。いや、彼女はあくまでいつものリンダ・ブレアなのだが、脚本も演出もグダグダで主人公としての魅力が皆無だし、それよりなにより「超モテモテのカワイコちゃん」みたいな設定になっているのが観ていて非常にキツイのである。道ゆくすべての男の子が思わずふり返る「憧れの美少女」という役柄で、これはいくらなんでも強引だ。同年代の男の子なら誰もが「いや、それはないっ!」と反感を抱いてしまう。

考えてみると、リンダ・ブレアの失墜はこの作品あたりから、いや、その前のアイドル青春映画『ローラー・ブギ』(七九年)あたりからはじまったような気がする。いや『エクソシスト2』の時点で終わっていたとか、『汚れた青春・

非行少女クリス』(七四年・テレビ映画)でもう失墜していた、という意見もあるだろうが、一番マズかったのは、この時期のティーン・アイドル化路線だと思うのだ。絶対に魅力的な女優なので、別の路線に行ってたらもっとおもしろい作品が残せたんじゃないのかなぁ、という気がする。これ以降、『チェーンヒート』(八三年)とか『レッドヒート』(八五年)とか、B級お色気投げやり乱造アクション映画にばかり出るようになって、僕はやはりちょっと悲しかった。

映画としておもしろければ、「リンダ・ブレア=超絶カワイコちゃん」の強引な設定も見すごすこともできるが、『ヘルナイト』はどのシーンもほかの作品で一〇〇回くらい観たようなパターンの連続で、やっぱりティーンエイジャーのデート向け「肝試し映画」だなぁ、と思った……のだが、最近になって観なおしてみると、意外にちゃんと(?)していてビックリした。

「パーティーの仮装」という設定で現代劇にゴシックな雰囲気を持ち込むアイデアはいいし、オチのサプライズも、おもしろいかどうかはともかく、「一応はちゃんと考えました」(あたりまえだ!)という工夫が見えるのである。

またラスト、疲れ切った顔でカメラの方にゆっくり歩いてきてストップモーションになるときのリンダ・ブレアは、やっぱりイイ! あの独特の変な顔……じゃなくて個性的でキュートな顔だちは、ああいう曖昧で「雰囲気一発!」みたいな演出のとき、なぜかバチッと決まり、多くを語るのだ。彼女主演のホラーの良作をもっと観たかったなぁ、とつくづく思ってしまう。

衝撃的だった「ピザの出前」。

『E.T.』
E.T. The Extra-Terrestrial

（配給：CIC／ソフト販売：ジュネオン・ユニバーサル・エンターテイメント）
1982年（米）／監督：スティーヴン・スピルバーグ／
出演：ヘンリー・トーマス、ドリュー・バリモア、ピーター・コヨーテほか

僕らは一応「スピルバーグ世代」と呼ばれたりもするが、どうも僕はこの人については書くことがないというか、なにをどう書けばいいのかよくわからなくなってしまう。彼の作品に「スゴいっ！」と感激したことはもちろん何度もあるのだけど、しかし映画の趣味からいうと「好

きでも嫌いでもない」という感じで、世代的にも実はちょっと変なふうにすれ違っていて、なんだか語るのが難しい監督……という印象なのである。本当に「スピルバーグ世代」のど真んなかといえるのは、実はもう二、三歳くらい若い世代なんじゃないかという気もするが、だけどそうすると『ジョーズ』が後追いになるのか……。

僕の場合、リアルタイムで『未知との遭遇』（七七年）に「スゴいっ！」と感激し、それ以前の『激突！』（七一年）、『続・激突！カージャック』（七四年）、『ジョーズ』（七五年）はどれもおもしろいと思ったが、以降の印象はあまりなくて、『インディ・ジョーンズ』シリーズ（八一年）や『ジュラシックパーク』（九三年）などもただ「一応は観《み》た」というだけだった。『プライベート・ライアン』（九八年）にはやっぱりスゴくビックリしたし、次の『A.I.』（二〇〇一年）のほとんど悪意に近い過剰な悲劇性にもビックリしたが、その後の作品にはどうも夢中になれなかった。

で、『宇宙戦争』（〇五年）にまた驚かされて、これは僕がウェルズ好きだからなのだろうけど、この作品の印象は特に強烈だった。あの「トライポッド」が最初に登場するシーンは本当に何度観ても怖くて、映画館では隣にいた女の子の二人組が「ひぃっ！」と小さく叫んでいた。日常が一瞬で壊れる理不尽で不条理な「テロ」の現場にいあわせたような感覚が生々しく、やっぱりこの人はこういうのがうまいんだなぁと思う。

スピルバーグ映画との「距離」のようなものを最初に感じたのは、たぶんこの八〇年代洋画を代表する大ヒット作『E.T.』だった。

もう二、三歳若くて、小学生として親と一緒に観ていれば忘れられない映画体験になっていたんじゃないかという気もするが、すでに僕は中学生になっていて、親抜きで映画館に行くようになった時期に見た作品だ。別に「つまらない」とは思わなかったし、いや、観ている間はたぶん「すごくおもしろい!」と思った気もするのだが、終わった途端に印象が消えてしまった。友人と三人で観たが、映画館を出て入った喫茶店でも、あまり話は盛りあがらなかった気がする。なんだか僕にとってはスピルバーグ映画にはこういう作品が多くて、たいてい「おもしろい!」のだが、その後に誰かと語り合いたくなるような印象が残ることは少ない。そのくせ、ときおり「なんじゃこりゃ!」とビックリするような作品をつくるので、やっぱりどう判断していいのかわからない監督なのだ。

『E.T.』を観て僕が衝撃を受けたのは、「アメリカにはピザの出前があるのかっ!」ということだった。ちょうど地元の恵比寿駅前に「ジロー」というピザハウスができて、ピザにハマりまくっていた時期だったので、ものすごくうらやましかったのだ。日本にもこんなサービスがあればいいのにと思ったが、その当時は「夢のまた夢」という気がした。が、わずか数年後にドミノ・ピザが日本に進出、第一号店を恵比寿に出してくれたので、あっさりと夢は現実になったのである。

孤独な少女と不良娘の「青春の彷徨《ほうこう》」。

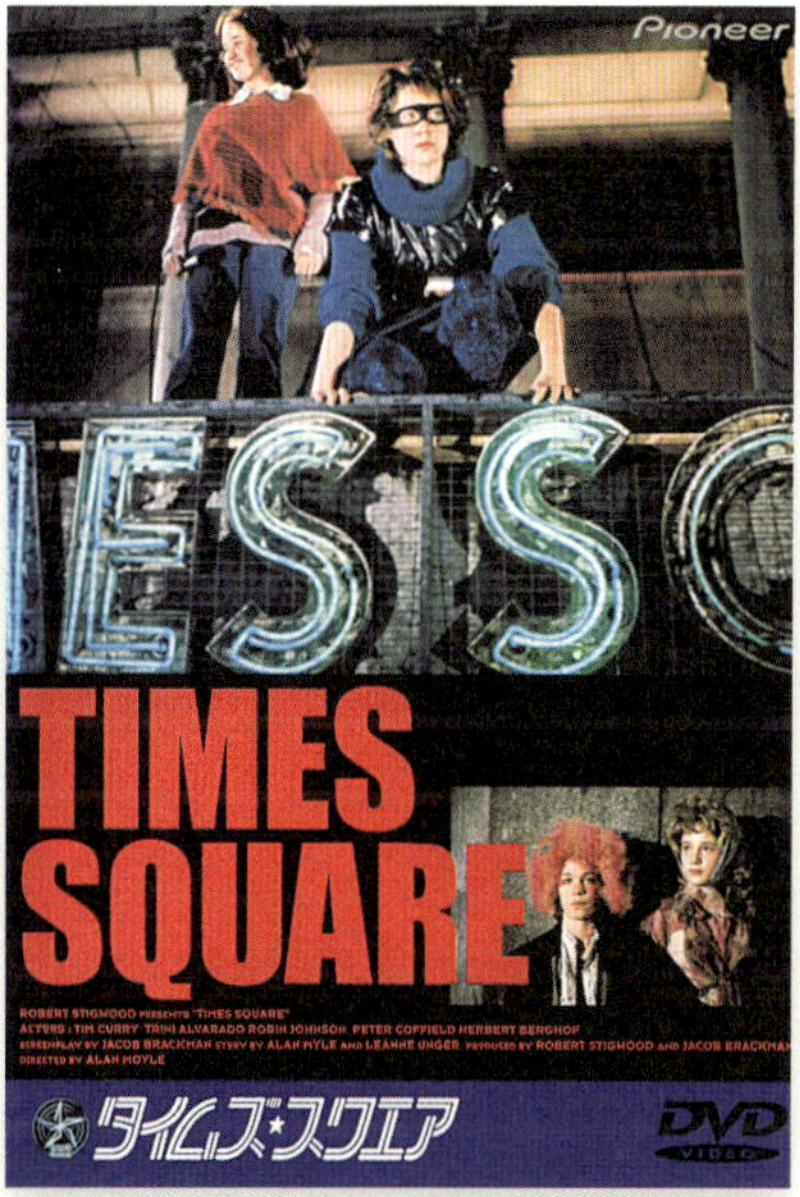

『タイムズ・スクエア』
Times Square

(配給：東宝東和／ソフト販売：パイオニアLDC)
1981年(米)／監督：アラン・モイル／
出演：トリニ・アルヴァラード、ロビン・ジョンソン、
ティム・カリーほか

中学二年生のころ、学校から帰るとNHKFMの「軽音楽をあなたに」という番組を聴くのが日課だった。主に欧米のポップスやロックを日がわりで特集する八〇年代の平日夕方の名物番組だったが、ときどき映画音楽を特集する。その日も現在公開中の映画の主題歌などをまと

めて流していた。そのなかで、デビューアルバムがちょっと好きだったプリテンダーズの新曲、「トーク・オブ・ザ・タウン」が流れてきて、デビューのころに比べるとだいぶ洗練された感じの音に「カ、カ、カッコいいっ！」と感動していると、ＤＪのお姉さんが「現在公開中の映画『タイムズ・スクエア』のサントラから聴いていただきました」と紹介した。

そのころ、『タイムズ・スクエア』のテレビＣＭはちょこちょこ流れていて、僕もタイトルは知っていた。主人公らしいふたりの女の子がビルの屋上からテレビを放り投げるＣＭだったが、あまり興味は湧かなかった。

「あれってプリテンダーズがかかるような映画だったのか」と驚き、これはぜひ観《み》なければと思ったのだが、大してヒットもしなかったようで、モタモタしているうちに公開はすぐに終わってしまった。それで、確か翌年になってから名画座へ観にいったのだ。

僕はずっとこの映画を大塚名画座で観たと思っていたのだが、調べてみると、どうも池袋の文芸坐だったらしい。当時、文芸坐はよく「陽の当たらない名画特集」というのをやっていて、この特集に『タイムズ・スクエア』がラインナップされたのだ。併映はロバート・ゼメキス初監督作品の『抱きしめたい』（八二年）。ビートルズの追っかけをするグルーピーの少女たちを描いた映画で、さしずめ「青春ロック映画二本立て」というプログラムだったわけだ。

その当時、すでにあちこちの映画館にひとりで出かける習慣がついていたが、よく行くのは渋谷か新宿、せいぜい高田馬場までで、どうもその先、池袋や大塚などは苦手だった。今とは違い、あのころの映画館はたいてい「悪所」にあって、要するに風俗街のど真んなかに位置していたりすることが多かったのだ。まして文芸坐周辺は、今も多少その雰囲気は残っているが、当時はもっと「魔都」じみていた。怪しげな店の呼び込みのお姉さんやお兄さんがずらりと並んでいるし、怖そうなおじさんたちはウロウロしているし、もちろん彼らは中学生なんぞにちょっかいは出さないが、それでも突破するのは「命がけ」という感じだったのである。

『タイムズ・スクエア』の上映は真っ昼間だったので、その日はまだ街は閑散としていた。ストリップ小屋やピンサロなどの周辺にも、ハチマキを巻いて大声でがなりたてる呼び込みたちの姿はなく、ガランとした道の真んなかを割烹《かっぽう》着《ぎ》姿のおばあさんが気怠《けだる》そうに掃除していた。

僕はホッとして、それでもなるべく裏道を選んで映画館に向かった。線路沿いにある小さな風俗店らしきお店にさしかかると、その入り口にひとりのお姉さんがヒマそうに立っている。やけに若く、僕とさして歳が違わない高校生くらいにも見えた。お姉さんはニヤニヤした顔で、なぜかじーっとこちらを見ていた。「なんだか嫌だなぁ……」と思いつつ、そっぽを向いて足早に通り過ぎようとしたとき、彼女がすっと近づいて、ひそひそ声で「ねぇねぇ、キミさ、ちょっと……」と腕をつかもうとしたので、僕は「ゲッ！」と声を出すほど驚いて、慌てて逃げだしてしまった。

あのお姉さんが中学生の子どもなんぞをつか

まえてなにをしようとしていたのか、いまだに想像がつかない。

そんなことがあって、まだ胸がドキドキしている状態で観た『タイムズ・スクエア』の冒頭は、まるで今しがたの僕の体験をふまえたような内容で、「え？ それってさっきの僕の話？」とビックリしてしまった。

「怪しげな風俗店が立ち並び、売春婦とポン引きとジャンキーどもがたむろするタイムズスクエアは、我々のニューヨークの恥だ。あそこにある映画館には良質な名作もかかるが、とてもじゃないが子ども連れでは観にいけない。あんな場所は即刻ツブして、清潔で健全で道徳的な街につくりなおさなければいけない！」

映画は、再開発維新派の政治家のこんな演説ではじまる。そして、この政治家の父を受け入れられない孤独で気弱な娘「パメラ」と、彼女がひょんなことから出会ってしまった住所不定無職の札つきの不良、ロック少女の「ニッキー」の「逃避行」というのか、あるいは彼女たちなりの大人社会への「攻撃」というべきか、とにかくひとときの「自由へのあがき」のようなものを描いていく。

もう本当に典型的なB級青春映画である。お世辞にも練れた脚本とはいえないし、タラタラとなかだるみするし、最後はお約束的なご都合主義で「めでたし、めでたし」なのだが、しかし、一四歳の僕はこの映画を観終わった後、「うわぁ、これは今まで観た映画のなかで一番好きだっ！」と叫びたくなるくらいに大感激して、実のところ、今も本当に大好きなのだ。

大人になってからも何度も観返しているが、あくまで自分の思春期の「懐かしさ」を味わうため、ごくごく冷静な気持ちで観はじめて、前半あたりは「ああ、ここはこう編集すればいいのになぁ」とか、「ここの展開がダメなんだよなぁ」なんて思いながら観ていられるのだが、中盤以降からは我を忘れて夢中になってしまい、ラストシーンでは一四歳のときとまったく同じように、「うわぁ、これ大好きだぁ！」と興奮している自分に気づいて、いつもひどく恥ずかしくなってしまうのである。

後で知ったことだが、当初、この映画のシナリオは「パメラ」と「ニッキー」の間で同性愛的なラブストーリーが進展することになっていて、実際にそれをはっきりと示すシーンも撮影されたという。編集の段階でカットされたようだが、たぶんこれは正解だったのだろう。ふたりの間の恋心を描けば、確かに中盤、彼女たちの関係が破綻しかけるダラダラした対立の意味合いが明確になるのだろうが、あの「なんだこれ？」というダラダラ感と、「まるで恋人同士の痴話喧嘩《げんか》みたいだなぁ」という曖昧な感じは、やっぱりこの映画の魅力になっていると思う。

また、ベタなのかマニアックなのかよくわからないサウンドトラックの選曲も絶妙だ。オープニングのロキシー・ミュージック「セイム・オールド・シーン」は「ロキシーってこんなにカッコよかったっけ？」と驚いてしまうほどキマッてるし、僕がパティ・スミスやルー・リードを初めて耳にしたのも、この映画のなかだった。

アラン・モイルは、決して冴《さ》えた監督ではないが、とにかく「人が音楽によって高揚される瞬間」を描くのは間違いなくうまい。うまいというより、たぶんそういう「魂」を持ってる人なのだと思う。シャイな「パメラ」が金を稼ぐため、「ニッキー」に励まされながら初めてストリップ小屋で踊る場面。彼女が徐々にビートを体に取り入れながら、一気にすべてをふっきっていくシーンの高揚感などは、この監督が得意とする演出の典型だ。

それは彼が一九九五年になってから撮った『エンパイアレコード』でもまったく変わっていなかった。そのタッチの変わらなさに驚いた、というか、『エンパイアレコード』と『タイムズ・スクエア』は、ほとんど同じ話なのだ。『タイムズ・スクエア』同様、ビルの屋上のバンド演奏で終わる幕切れは、本当に「おんなじじゃねーか！」と叫びそうになってしまう。

「守銭奴」が人々に愛されている「なにか」を奪おうとしている。『タイムズ・スクエア』の場合、それは猥雑な活気に満ちた自由な街であり、『エンパイアレコード』の場合は老舗の個人経営レコード店だ。そして、その「なにか」を必要とする人々が最終的には「守銭奴」を撃退するのだが、そのときに用いられるのが「音楽による高揚」だ。それだけなのである。

その高揚にはさしたる意味がない。そのときだけの高揚であり、それによって得られる「勝利」も、実はさしたる意味はなく、さしあたりの、ひとまずの「勝利」だ。だからどちらの作品も「それがどうした？」と言ってしまえばそれで終わる映画なのだが、音楽による「そのときだけの高揚」の意味のなさと、それでもその瞬間の高揚の場面にまぎれもなく真実のエネルギーがあふれてしまうことが、おそらく現実の「青春」に似ているのだと思う。アラン・モイルの監督作は三本しかない。そして、すべてが「音楽の高揚」に突き動かされる少年、少女たちを描く青春映画だ。そういう人なのである。

『タイムズ・スクエア』にすっかり感激した僕は、併映の『抱きしめたい』は心ここにあらずという状態で眺めて、その後でどうしてもまた『タイムズ・スクエア』が観たくなり、公衆電話から親に「遅くなる」と電話して二回目を観た。

映画館に六時間もこもっていたわけで、外に出るとすっかり夜。池袋の街は昼間とはまったく変わり、呼び込みの兄ちゃんたちのガナリ声と、ケバいお姉さんたちの笑い声と、酔っ払いたちの喧騒《けんそう》で激しくざわめいている。

いつもなら「嫌だなぁ」と小走りになるはずなのだが、『タイムズ・スクエア』を観た直後の僕は、なんだか楽しげな気分で、「悪所」の真んなかを足取り軽く歩いて帰った。毒々しくもにぎやかな街が、気心の知れた友だちのように感じられたのだ。

途中で「休憩」が入ったことしか覚えてない……

『風と共に去りぬ』
Gone with the Wind

（配給：ロウズ（MGM）／
ソフト販売：ワーナー・ホーム・ビデオ）
1952年（米）／監督：ヴィクター・フレミング／
出演：ヴィヴィアン・リー、クラーク・ゲーブル、
レスリー・ハワードほか

中学時代に通っていた塾にO先生という人がいて、当時は東大に通う大学生だったからまだ二十歳そこそこ、今の僕からすれば「ほとんど子ども」なのだが、あのころの僕にとってはいちばん身近な大人、しかも、文学や音楽や映画、それから社会情勢といったことまで、本当にな

んでも知っている「スゴい大人」だった。

僕はあまり大人になつく子ではなかったが、この先生のことは大好きだった。先生もなぜか僕のことを気にかけてくれて、アレコレかまってくれた。中三になっても受験勉強もせず、相変わらずロックばかり聴いて名画座に通う僕に対して、「困った子だなぁ」と思いつつも、ちょっとおもしろがってくれていたのだと思う。

僕にとって先生はカルチャーの指南役みたいな存在で、読む本、観《み》る映画、聴く音楽について、先生との会話に出てきた作品に触れてみると、たいていハズレはなかった。よく輸入盤のレコードを持っていって、歌詞の意味を聞きにいった。そんなときも少しもめんどくさがらず、単語の用法や特殊なスラングなどを説明しながら、ものすごいスピードで和訳してくれた。一度、ドアーズのレコードを持っていったら、「これはダメ！　中学生が聴くモノじゃない！」と追い返されたこともあったけど。

当時の僕はアメリカン・ニューシネマに夢中で、その種の作品ばかり観ていた。名作から超B級まで、どんな作品名を出しても先生は観ていたし、一度、ハリウッドの衰退から『イージーライダー』（一九七〇年）の登場まで、赤狩りや公民権運動やベトナム戦争の話も含めて、ニューシネマ勃興史を話してくれたことがあった。当時の僕にとってニューシネマは「若者がめちゃめちゃやりまくって最後は派手に破滅する！」という痛快な映画でしかなくて、それがただおもしろくて観ていただけなのだが、先生の話を聞いて急に物事の位置関係が把握できて、一気に視界が開けた気がした。

しかし、ときおり先生が「これを観なさい」とわざわざ勧めてくる映画があって、僕は律儀に名画座へ観にいったのだが、それらの作品はなぜかことごとくつまらなかった。一度も観かえしていないのでほとんど忘れてしまったが、シドニー・ポラックの『追憶』(七四年)、フレッド・ジンネマンの『ジュリア』(七八年)などを勧められたのを覚えている。あとジョージ・キューカーの『ベスト・フレンズ』(八二年)なども先生の推奨だったかな?

先生と雑談しているときに出てくる映画は、どれもすごくおもしろくて僕が大好きになる作品ばかりなのに、わざわざ「観なさい」と言ってくる作品はぜんぶつまらない……というのが本当に不思議だった。観てきた後に「ぜんぜんつまらなかったよ」と言っても、先生はただ「アハハハ!」と笑うだけだった。

受験も終わって、それぞれの進路が決まったころ、塾で「お別れパーティー」みたいなものが開催された。その席上で友だちと話していると、先生が小声で「ちょっと来なさい」と僕を別室に呼んで、「明日、映画にいこう」と言う。

映画の話はさんざんしてきたが、先生と一緒に映画館に行くなんてことはそれまで一度もなかったし、ほかの子たちもいるのに僕だけがこっそり誘われたことにも戸惑った。その映画が、ちょうどリバイバル上映されていた『風と共に去りぬ』(五二年)だったのだ。

で、その『風と共に去りぬ』も、僕にはまったくおもしろくなかった。これもそれ以来、一度も観返していないので、見事になんの印象も残っていない。火事のシーンの直後に「インターミッション」（休憩）が入って驚いたことと、観終わった後にふたりでパスタ屋に入り、注文した「パスタ・ジャポネーゼ」に対して、先生が「まずいなぁ。パスタにお醤油は合わないね」と言っていたことしか覚えてない。

今にして思うと、『風と共に去りぬ』も、勧めてくれたほかの映画も、僕が雑談から把握していた先生の映画の趣味からは、あまりに遠い作品だった。つまり、わざわざ「つまらない映画」を選んで僕に勧めていたとしか思えないのだ。それがなぜだったのかはわからないけど、ニューシネマのいわゆる反社会性とか破滅の美学とか、そんなものにばかり惹《ひ》かれてしまう子どもだった僕に、「普通の映画」を観せようとしていたんじゃないか？……という気がする。当時の僕の嗜好《しこう》性を「危なっかしい」と感じたか、あるいは「子どもっぽすぎる」と思ったのかは知らないけど、「そういうものだけが映画じゃないよ」と教えたかったのかもしれない。

先生の指導（？）はあまり功をなさず、僕は今も相変わらずで、『風と共に去りぬ』は一度も観返していないくせに、この映画へのアンチとしてリチャード・フライシャーが撮った『マンディンゴ』（七五年）は何度も観ていたりして、先生が知ったらさぞガッカリするだろうと思う。

あまり気が進まないけど、三〇数年ぶりに『風と共に去りぬ』を観返してみようかな。

ナスターシャ・キンスキーに ひと目惚《ほ》れ。

『キャット・ピープル』
Cat People

（配給：ユニバーサル＝CIC／ソフト販売：ジュネオン・ユニバーサル・エンターテイメント）1982年（米）／監督：ポール・シュレイダー／出演：ナスターシャ・キンスキー、マルコム・マクダウェル、ジョン・ハードほか

八〇年代初頭は、洋画も邦画もいわゆる「アイドル映画」的な作品が続々と公開される時代だった。洋画ではフィービー・ケイツやブルック・シールズが絶大な人気で、かつてのテイタム・オニールのように映画雑誌の表紙や付録ピンナップを独占していた。邦画でいえば、やはり角川映画の薬師丸ひろ子や原田知世などの人気が凄《すさ》まじかった。周囲の友だちはこぞってそうした映画を観《み》にいっていたが、当時の僕はどうもそんなブームには乗れなくて、リアルタイムでは旬の「アイドル映画」をあまり観ていない。

そのころ、僕のアイドルはナスターシャ・キンスキーだったのだ。これも塾のO先生からの影響だった。ある日の授業で、先生が「今日は『キャット・ピープル』を観てきたけど、まったくくだらない映画だった」という話をしてくれた。テレビのCMなどで、『キャット・ピープル』が「豹《ひょう》人間」が人を喰《く》い殺すホラーだということは知っていたので、僕は「どうしてそんなアホな映画を観にいったんですか?」と聞くと、先生は『テス』に出ていたナスターシャ・キンスキーの主演作だから。あの女優は大好きだけど、ここのところ変な作品にばかり出てる」というようなことを教えてくれた。で、僕は「これは観なければ!」と思い、しばらくはナスターシャ・キンスキーの映画ばかり観まくっていたのである。

最初に観たのは、先生が「まったくくだらない」といっていた『キャット・ピープル』で、確かに中学生が観てもおもしろいとは思えないヌルいラブストーリー絡みのホラーだったが、デヴィッド・ボウイが手がけたテーマ曲はカッコよかったし、『時計じかけのオレンジ』(一九七二年)のマルコム・マクダウェルが出てきたのもうれしかった。「アレックス」とは比べものにならないショボい役だったけど……。あと、この映画で「生牡蠣《がき》にケチャップをつけて食べるとおいしいらしい」ってことも覚えたな。

映画自体より、ナスターシャ・キンスキーの美しさが衝撃的だった。どことなく日陰者っぽい暗さをたたえた、ちょっとエキゾチックな美貌は中学生的には「わっ、大人っぽい!」という感じで、一瞬で好きになってしまった。

その翌日から、『キャット・ピープル』のチラシをクリア下敷きに挟んで登校するようになった。あの口から血を流しているナスターシャ・キンスキーの写真が使われている悪趣味なチラシである。フィービー・ケイツや薬師丸ひろ子のピンナップを下敷きにしている友人たちは、僕の下敷きを見るたびにギョッとしていた。

甘く、苦い
「the end of youth」

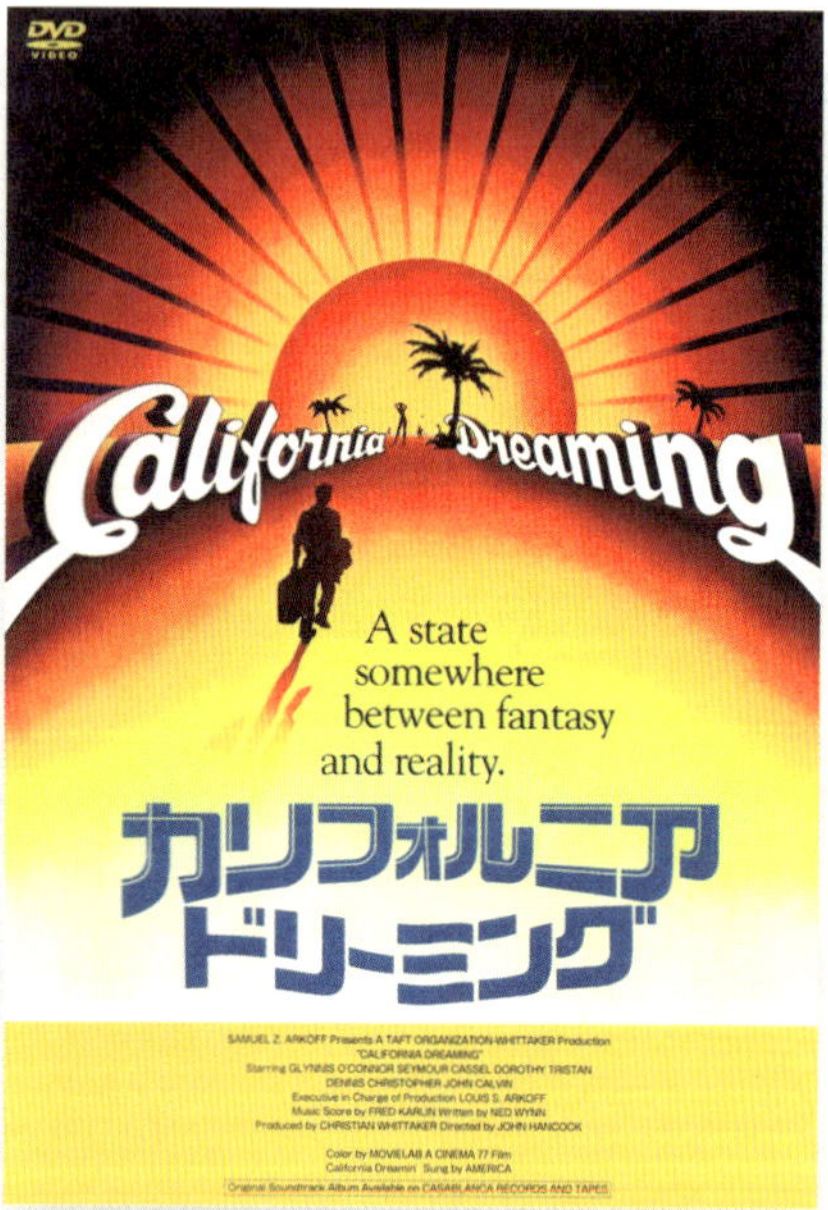

『カリフォルニア・ドリーミング』
California Dreaming

（配給：松竹富士／ソフト販売：ポニーキャニオン）
1979年（米）／監督：ジョン・ハンコック／
出演：デニス・クリストファー、グリニス・オコナー、
タニア・ロバーツほか

七〇年代後半は青春映画が量産された時代だった……というより、僕ら世代がイメージする「青春映画らしい青春映画」は、ほとんど七〇年代後半から八〇年代初頭にかけての時期にだけつくられたジャンルだった、という気さえする。「青春映画らしい青春映画」は、それ以前のアメ

リカン・ニューシネマの一連の作品の後に登場してきた。ニューシネマには反権力・反社会性を強調した「自己否定」な作品が多く、無軌道な若者が暴走して最後は破滅……といった定形を持っていたが、七〇年代後半（というか、正確には一九七四年の『アメリカン・グラフィティ』以降）の「青春映画らしい青春映画」は、誰もが思春期・青春期に体験する苦悩や逡巡《しゅんじゅん》といったものをテーマにしていて、それを乗り越えて少年・少女が「ちょっぴり大人になる」というタイプの映画が主流だった。要するに、大人になってみれば「なんであんなことにあんなに悩んでたんだろ?」と思ってしまうような、青春の時期ならではの「たわいのない問題」を中心に描くわけで、そのカラッポな感じをカラッポなまま、明朗に、爽やかに、ときにノスタルジックに綴《つづ》った作品が多かったのだ。

「誰もが思春期・青春期に体験する苦悩や逡巡」といえば、もっとも典型的なのが「ロストバージン問題」である。で、このジャンルには、ちょっぴりエッチな「青春ロストバージン映画」といった感じの作品がやたらと多い。もともとは『個人教授』（六八年）とか『青い体験』（七四年）とか、この種の映画はフランスやイタリアなどヨーロッパが得意としていたのだが、七〇年代後半以降、主にアメリカでつくられる「青春ロストバージン映画」は、もっと明るく陽気でアッケラカン、まぁ、要するにいい意味でも悪い意味でもカラッポなのである。

若者たちが陰々鬱々とした顔で「世界を変える」ことを夢見た六〇～七〇年代のニューシネマ時代から、そんなことより「隣のあの娘をどうにかしたい」とか「プロムパーティーに誰を誘おうかしら?」といった細々とした諸問題へのモードチェンジ……といったことが若者向け映画において起きたわけで、ある意味では「青春ロストバージン映画」こそが、六〇〜七〇年代の暗くて重いカウンターカルチャーから、その後の陽気で明るい八〇年代的な若者文化への橋渡しをしたのだと思う。

こういう動きと連動して、やはり七〇年代なかばあたりから盛りあがってきたのが、「カリフォルニアブーム」というか「西海岸ブーム」というか、とにかく「L.A.最高!」みたいな風潮だ。『ポパイ』みたいな若者向け雑誌の特集や、各種CMや広告に「青い空と青い海」のカリフォルニアのイメージが氾濫した。あのころ、食品・飲料やスポーツ・レジャー用品など、さまざまな新商品のキャッチコピーが「カリフォルニアからやってきた!」だったのを覚えている人も多いだろう。サーフィンはもちろん、スケートボード、ローラースケート、フリスビー、「コパトーン」などの日焼けクリーム(日焼け止めではない)、「UCLA」のロゴつき各種ファッションアイテムなどなど、「西海岸文化の象徴」的なモノがドカドカと一気に僕らの日常に入ってきた。

カリフォルニア、サンフランシスコといえば六〇年代のヒッピーの聖地であり、イーグルスは「ホテル・カリフォルニア」で「ここにはもうスピリットはない」とヒッピーカルチャーの「終焉《しゅうえん》」を宣告したが、僕らの間で流行したのは、その「終わった」後のカリフォルニアだった。スピリットも思想も最初からお呼びじゃなかったのだ。そんなものが消えてしまったカリフォルニアには、「楽しさ」だけがたっぷりと残っていた……ような気がしていた。

こうした時代の空気、あの時代ならではの「感じ」をもっともリアルに映画のなかに封じ込めているのが、この『カリフォルニア・ドリーミング』だと思う。エッチ系青春映画としては、『グローイングアップ』シリーズ（七八年〜。これはイスラエル映画だが）や『ポーキーズ』（八二年）、あるいは『超能力学園Z』（八三年）などのほうが当時の男の子たちの間では話題になっていたし、カリフォルニアを象徴する青春映画であれば『ビッグ・ウェンズデー』（七八年）などをあげるべきなのかもしれない。が、それらの映画は今観《み》るとただ「懐かしいなぁ」と思うだけだが、なぜか『カリフォルニア・ドリーミング』は、今観てもちょっと真顔になってしまうというか、切実な気分になってしまうというか、あのころの日々について、あのころの自分について、考え残してしまったことがある……ような気もする……といった精神状態になってしまうのである。

いや、そんな深刻な映画ではなく、典型的にカラッポでB級で「ちょっとエッチ」な青春映画なのだ。初めてこの作品を知ったのは、日曜日の日テレでやっていた『TVジョッキー』の新作映画紹介コーナーだった。あのコーナーは映画の「ちょっとエッチ」なシーンだけをわざわざ選んで観せたりすることをよくやっていたが、このときもデニス・クリストファーとグリニス・オコナーのラブシーン、というか「ロストバージンシーン」を映していた。そのあまりにもたどたどしくて生々しいラブシーンにギョッとしたが、その数年後に名画座で観て、なんだか妙な気分になった。その当時、僕はまさに青春の入り口にいる中学生だったのだが、まだ体験もしていない自分の青春を「懐かしく思いだしている」というような、タイムスリップしたうえで未来から自分の若き日々をふり返っているような、不思議にノスタルジックでセンチメンタルな気分になってしまったのだ。

この印象は、すでに青春がとっくに終了してしまった現在になって観なおしても、なぜかまったく変わらない。このどうでもいい話をダラダラと綴る映画、構成も悪く、行き当たりばったりの展開のようにも見える映画のどこにそういう要素があるのかはよくわからないのだが、ここには確かにあの時代ならではのリアルな空気と、「青春の終わり the end of youth」の実感といったものが封じ込められていると思う。

あのラスト、お決まりのように「カリフォルニア・ドリーミング」がかかり（ママス&パパスではなく、なぜかアメリカというバンドのカヴァーなのだが）、あまりにわざとらしい天気雨が降りだすシーンを目にするたびに、「ああ、この感じは知っている！」と昔も今も思う。あんな瞬間など僕の人生にはもちろん一度もないのだが、あの海岸を濡《ぬ》らす天気雨に濡れながら僕も砂浜を歩いたことがあった……という、ありもしない懐かしい「青春の終わり」の記憶を思いだすのだ。

ちょっと異色な
青春ロストバージンコメディーの傑作。

青春映画やロストバージン映画の話をするのであれば、やはりこうした作品で人気を博した八〇年代のアイドル女優たちについても触れなければならないわけで、そうなるとブルック・シールズ、フィービー・ケイツ、ソフィー・マルソーなどなどの主演作をどれかひとつ取りあ

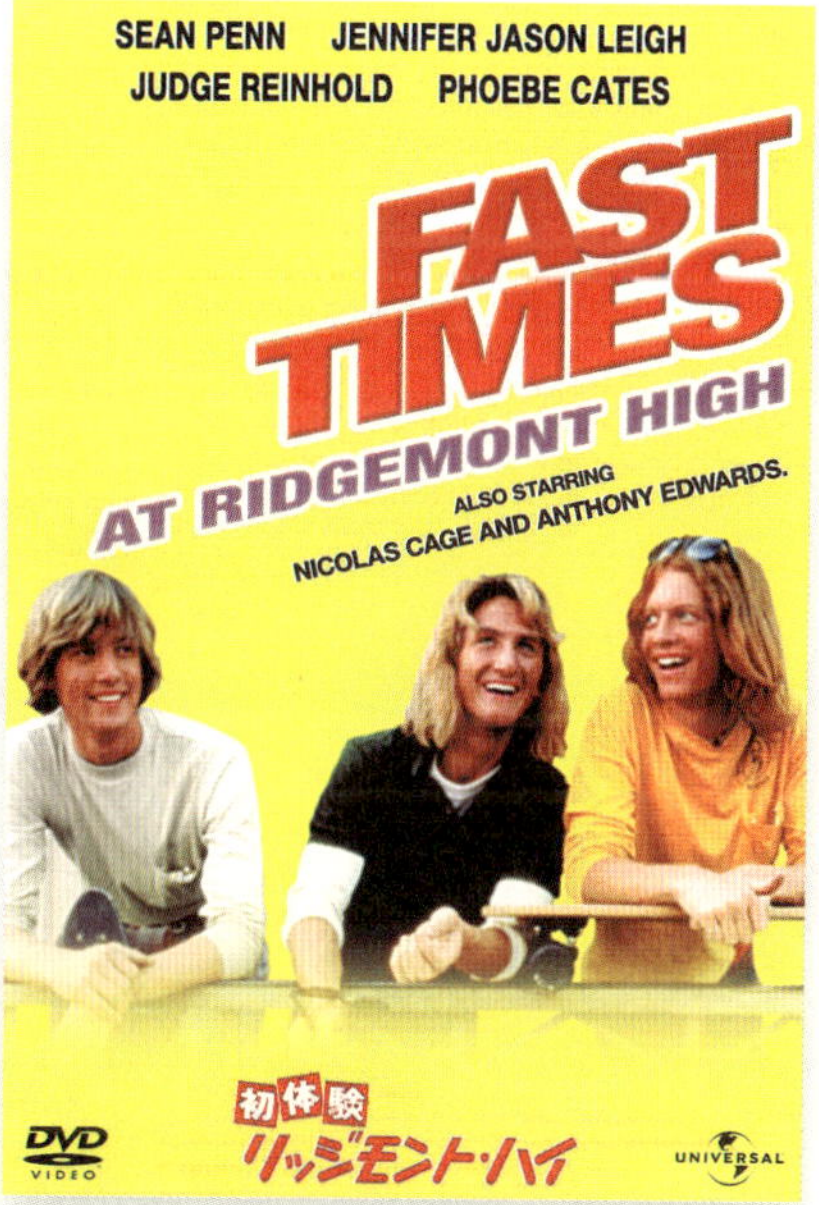

『初体験／リッジモント・ハイ』
First Times At Ridgemont High

（配給：ユニバーサル・ピクチャーズ／
ソフト販売：ジュネオン・ユニバーサル・エンターテイメント）
1982年（米）／監督：エイミー・ヘッカーリング／
出演：ジェニファー・ジェイソン・リー、フィービー・ケイツ、
ショーン・ペンほか

げるべきなのだが、さて、どうしたものか？
彼女たちの映画に僕はリアルタイムではあまり夢中にならなかったのだが、それでも友達に映画館に誘われたり、テレビ放映があったりしたので大半の作品は観《み》ている、というか、当時の中高生は普通に生きていれば「観ざるを得ない」という状態だったということで、やっぱり彼女たちの当時の勢いは凄《すさ》まじかったんだなぁ、と思う。しかし、誰が好きだったとか、どの作品がよかったとかいうことになると、どうもよくわからなくなってしまうのだ。

ブルック・シールズは、なんだかあまりにゴージャスなルックスが女優としては使いにくそうで、『プリティ・ベビー』（一九七八年）はともかくとして、『青い珊瑚礁』（八〇年）も『エンドレス・ラブ』（八一年）も、彼女が出てくる場面はどれも雑誌のグラビアかCMを眺めているような気分になってしまい、「画面にハマらない人だなぁ」という印象だった。

ちょっと違っていたのは『ピンボールの青春』（七七年）。アメリカのテレビ映画で、日本ではテレビの映画枠で一度放映され、『ブルック・シールズのプリティ・ギャンブラー』のタイトルでビデオも出ていた。僕は一度観ただけなので細部はぜんぜん覚えていないが、このときのピンボールの天才プレーヤー少女を演じたブルック・シールズは、ちょっと小生意気な感じでカッコよかったなぁ。こうやって汚いジーンズとセーターを着れば普通のティーンエイジャー役もできるのか、と妙な部分に感心した。

ソフィー・マルソーというともちろん『ラ・

ブーム』で、これは公開時にちゃんと映画館へ観にいった。アメリカのアイドルとは違うヨーロッパ的な「わかりにくい顔」が当時の僕らの間では物議を呼んでいて、「あれはかわいいのだろうか?」ということがよく話題になった。なんとなく「ソフィー・マルソーが好き」と言うと、フィービー・ケイツなどのファンよりも一枚上というか、「おフランスの美が理解できる知的な大人」みたないな格付けが与えられていた気がする。映画はほとんど覚えていないが、恋が成就するハッピーエンドなのに、直後にもうソフィー・マルソーがほかの男の子に色目を使う……みたいな幕切れに、やっぱり「わっ、大人! おフランス!」という衝撃があった。

そして、フィービー・ケイツ。僕らの周辺ではやはり一番人気が高くて、代表作といえば『グレムリン』(八四年)になるのだろうが、青春映画という文脈で取りあげるなら、なぜかシルビア・クリステルまでが引っぱり出されたグダグダの『プライベートスクール』(八三年)……ではなく、『初体験/リッジモント・ハイ』(八二年)だろう。

この映画は今もわりと好きな作品で、同時期のお気楽青春映画とちょっとタッチが違うのは、監督がエイミー・ヘッカーリングという女性だからなのかもしれない。この時期に量産されたエッチ系ロストバージン映画で女性が監督した作品はほかに知らないし、同じように女の子たちのロストバージン作戦を描いた『リトル・ダーリング』(八〇年)などと比べると断然デキがいい。

ただ、フィービー・ケイツはあくまでも脇役だ。主役の親友役で、ドライな損得勘定だけで動く異常なほどサバサバした「経験済み」の女の子。出番もそう多くはないのだが、馬鹿なのか利口なのかわからない台詞《せりふ》をニコリともせずにまくしたてる芝居はおもしろかった。当時、フィービー人気が最高潮に達していたため、ポスターやチラシにはデカデカと彼女の顔が掲載されていたが、彼女目当てで本作を観にいった子はみんな肩透かしを喰《く》らったものだ。といっても、まぁ当時の男の子たちが色めきたった「あの場面」があるから満足したんだろうけど。

素晴らしいのは、主役のジェニファー・ジェイソン・リー！『ヒッチャー』（八六年）であまりに衝撃的な最期（あのシーンは思いだしたくない！）を遂げるヒロインとして僕ら世代に名前を記憶された女優だが、最近もタランティーノの『ヘイトフル・エイト』（二〇一六年）で極悪非道のギャング団の女ボスを血まみれで演じている。この作品では本当に初々しい少女役だが、彼女のとても生身っぽい逡巡《しゅんじゅん》しまくる存在感が、お気楽なロストバージンコメディーにリアルな重さと陰りを与えていると思う。

お気楽といえば、本作の「馬鹿担当」のショーン・ペン。僕はどうもこの人のしつこくて押しつけがましい芝居が苦手で、彼がスクリーンに出てくるたびにウンザリしてしまうのだが、この映画のあまりにもイッちゃってる超絶馬鹿演技だけは笑って観ていられるのである。

なし崩し的に訪れる「世界の終わり」

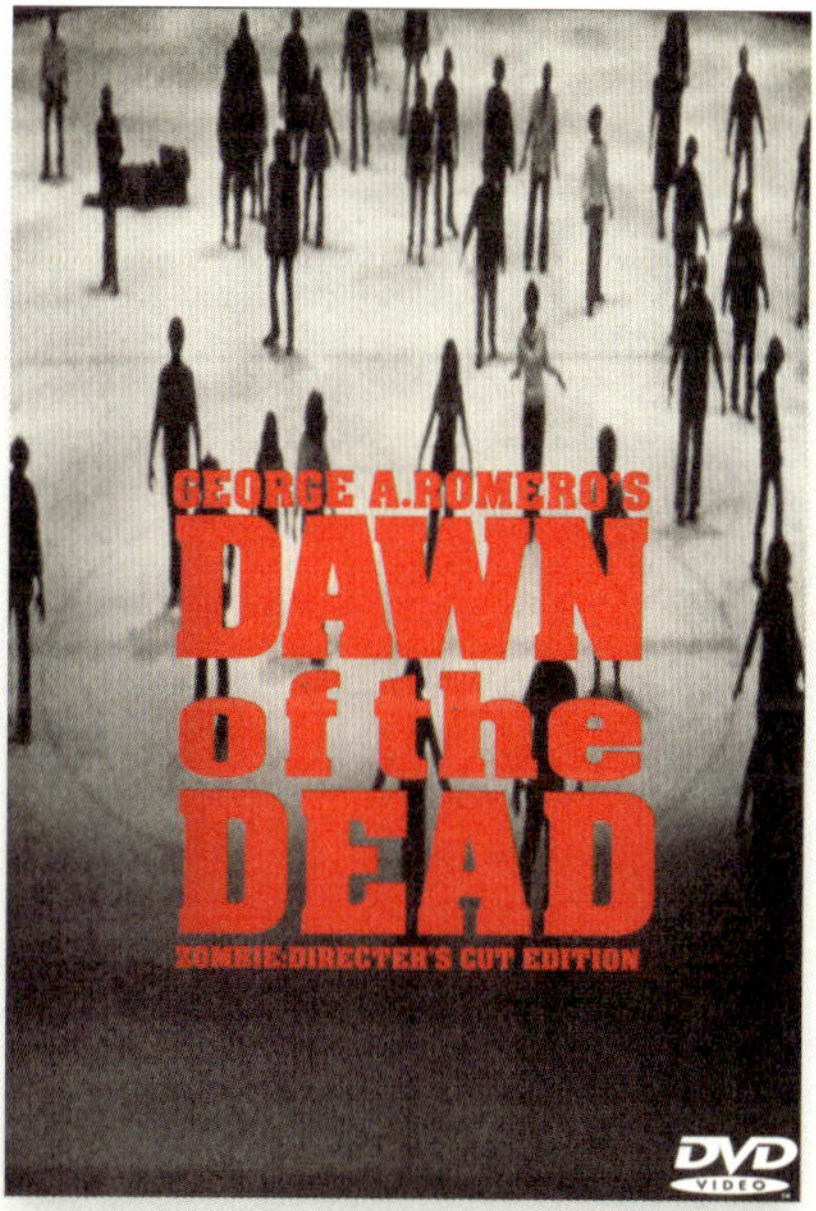

『ゾンビ』
Dawn of the Dead／Zombie

（配給：日本ヘラルド／ソフト販売：ハピネット）
1979年（伊・米）／監督：ジョージ・A・ロメロ／
出演：デビッド・エンゲ、ケン・フォリー、
スコット・H・ライニガーほか

「ゾンビ映画」は現在ではもはやひとつのジャンルとしてすっかり定着し、ピンからキリまで無数の作品が次々に制作されているが、僕ら世代が「ゾンビ」という聞き慣れない言葉を耳にしたのは、もちろん本作が公開されたときが初めてだった。当時はまさに「話題騒然！」とい

う感じで、観《み》てきた人たちの「スゴかった！」「吐きそうになった！」「途中で映画館から逃げだした！」といったコメントを各種メディアが紹介していた。僕も観たくてたまらなかったが、当然、「残酷映画禁止」の我が家では親にねだっても絶対に無理。当時小四だった僕らのクラスでも、公開時に映画館で観たヤツは二、三人ほどしかいなかったと思う。観てきたヤツはヒーローで、「どうだった？　どうだった？」と群がるクラスメイトに取り囲まれていた。

その当時、あれは映画雑誌だったのか、それとも週刊マンガ雑誌だったのか忘れたが、いつも行っている床屋さんの待合室で手に取った雑誌が、『ゾンビ』の特集を組んでいたのを覚えている。直視できないくらいにエグい写真が満載で、「うわぁ……」とおののきつつも、喰《く》い入るように熟読した。なぜか榊原郁恵に映画を見せて感想を聞くというスタイルの記事で、ウゲ～ッと顔をしかめた彼女の写真と、「しばらくはもうお肉が食べられませんっ！」というコメントが掲載されていた（なんでこんなどうでもいい記憶が残っているのか？）。

初めて『ゾンビ』を観ることができたのは中学生になってテレビで放映されたときで、どうもこのときの記憶が曖昧なのだが、今も語り草になっている八〇年の『木曜洋画劇場』で初放映された「サスペリアバージョン」（テレビ局が勝手に『サスペリア』のBGMを追加したり、内容的にもオリジナルの改変を加え、日本独自の設定に修正してしまったもの）ではなかったような気がする。八一年放映時のバージョンを見たのかもしれない。いずれにしろ、「あれ？　思ったほどスゴくない……」という感じだった。おもしろかったのだが、とんでもないトラウマを与えられる覚悟をしていたので、「わりと普通のホラー映画だな」という印象だった。

この映画の本来の魅力に打ちのめされたのは、それから一〇年以上も後の「ディレクターズ・カット版」を観たときだ。僕はもうすっかり大人になっていたのだが、「わっ、こんな映画だったのか！」と、遅ればせながら大興奮した。

ロメロの「ゾンビ映画」は、デビュー作の『ナイト・オブ・ザ・リビングデッド』（六八年）からすでに、どれも冒頭、映画がはじまってから最初の「ゾンビ」が出てくるまでの唐突感というか、独特の「なし崩し感」がいつも魅力的なのだが、特に『ゾンビ』のオープニングは凄《すさ》まじい。タイトルが出ると同時に観客はいきなりあのテレビ局の大混乱のなかに叩《たた》き込まれ、慌てふためいたスタッフたちの会話とニュース映像が錯綜《さくそう》する渦中で、ただ「なんだ、なんだ、なんだ？」と戸惑うことになる。よく考えると、もう映画がはじまったこの時点で、実は話は終わっているのだ。事態はもはや収拾不能で、人類はすでに「ゲームセット」の状態なのである。

さらに観客は事情がわからないまま、貧民街で勃発した移民たちのアパートにおける籠城事件の現場に連れていかれる。ここで暴徒たちとSWATの銃撃戦を目にすることになり、もはやなにがなんだかわからない。一見「ゾンビ騒動」とは無関係なその修羅場に、いよいよ最初の「ゾンビ」が登場するのだが、この説明もないままに混乱に混乱を重ねていく感じには、何度観ても圧倒されてしまう。気づけば「なし崩し」的に地獄のど真んなかにいた、という感覚だ。もし本当に「世界の終わり」が来るのであれば、それはこういう感じなんじゃないかなぁ、と思わせるのだ。

そして、本作ならではの特別な味わいは、もちろんあのショッピングモールに籠城した主人公たちの「停滞」の時間だろう。ありとあらゆるモノ、というか、超資本主義国のアメリカにあふれ返るすべての「商品」が揃《そろ》っているような広大な天国を独占し、まるで僕らが子ども時代に抱いた「誰もいないデパートで好き勝手に遊ぶことができたら！」という夢をそのまま実行に移すように、彼らは至福感に満ちた享楽のひとときを過ごす。好きなものを食べて、好きなものを着て、手当たり次第に無尽蔵の「商品」を漁りまくる。あのシーンは大人になってから観ても「うらやましい！　やってみたい！」と思ってしまうほどに楽しげだ。しかし、彼らはやがてどうしようもなく倦《う》み、ただ疲れ、どんよりと退廃してゆく。その天国は、もちろん地獄の中心にあるのだ。

サスペンスフルなホラー映画における幕間のようなシーンだが、こんな種類の絶望感が伝わってくる場面は、ヴィスコンティか、ベルトルッチの映画でしか観たことがないような気がする。この場面によって、『ゾンビ』が単なる「人喰い映画」よりも、はるかにやっかいな作品であることがわかるのだ。もしくは、この現実世界が「人喰い世界」であることがわかってしまうのである。

スクリーンで体感するストーンズ。

**『ザ・ローリング・ストーンズ
レッツ・スペンド・ザ・ナイト・トゥゲザー』**
Let's Spend the Night Together

（配給：松竹富士／ソフト販売：東北新社）
1983年(米)／監督：ハル・アシュビー／
出演：ザ・ローリング・ストーンズ、
イアン・スチュワート、ボビー・キーズ

ローリング・ストーンズの八一年全米ツアーの記録映画が日本でも全国の映画館で公開されるらしい……というニュースを音楽誌で知ったとき、中学二年生だった僕は半信半疑だった。子どもながらに「そんな映画に客が集まるのかなぁ？」と思ったのだ。

レッド・ツェッペリンも活動を終了し、ザ・フーもキンクスも開店休業中だった当時、確かにストーンズは名実ともに「世界一のロックバンド」ということになってはいたのだが、八〇年代という時期は、ストーンズの歴史のなかでもバンドの評価がもっとも低かった逆風の時代だった。決まり文句の「世界一のロックバンド」という惹句《じゃっく》も、音楽誌などでは「半笑い」のニュアンスで使われることが多く、要するに「四〇歳になってもまだやってるロートル中年バンド」という揶揄《やゆ》の対象となっていたのだ。

あの当時、ロックはあくまで「二〇代の音楽」であり、メンバーが三〇歳を過ぎれば「おっさんバンド」とからかわれ、平均年齢四〇代のバンドなどは前例もなく、「シーラカンス」かなにかのように奇異の目で見られた。

ストーンズが七〇歳を過ぎても「まだやってる！」現在、しかも過去のバンドの御大たちが次々と再結成し、ロックがまるで「高齢者専用音楽」のようになった今の時代からすれば、本当に隔世の感がある。目まぐるしいサイクルで新陳代謝が行われ、常にロックが最先端のカルチャーとして新しくいられたあの時代は、やはりそれだけ市場が活況を呈していたわけで、僕らロック少年たちは幸福で贅沢《ぜいたく》な時代に思春期を過ごしたのだと思う。

いくらストーンズが「世界一のロックバンド」といわれるだけの知名度を持っていても、日本にいるファンの数などたかが知れている、という実感もあった。周囲を見まわしてみても、ストーンズのファンは学年に二、三人程度だった。

しかも、そのファンですら八〇年代のストーンズには否定的なヤツが多くて、僕もそうだったが、あの時点での最新アルバムである『刺青の男』などはゴミ扱いしていたし、次の『アンダー・カヴァー』などは「生き恥」そのものだと思っていた。当時、音楽誌を開けばポール・ウェラーやジョン・ライドンがミック・ジャガーを「太ったブタ！」とか「守銭奴！」などとクサしていたが、僕らファンでさえ、そうしたパンク以降のストーンズ観に同調していたのだ。

映画が記録した『スティル・ライフ』のツアーにしても、だいたいなんなんだ、あのド派手で健康的でポップなステージは！「子どもから大人まで楽しめる大企業主催の巨大イベント」みたいなあんなライブ、誰が見たがるんだよ？……などと思っていたわけで、だからそんな映画が各地のロードショー館で本当に公開されるとは、とても思えなかったのだ。

しかし、本当に公開されたのである。渋谷などの映画館に巨大なベロマークの垂れ幕が飾られている光景は、なんだか不思議だった。

「あんなもの観《み》たくもねーよ！」と公言しながらも、もちろん僕は公開されるとすぐに観にいって、カラフルなステージや「エアロビクスの先生」みたいにスポーティーなミックのアクション、いかにも楽しそうに演奏するメンバーたちに「ふざけんな！」と思いつつも感激したのだ（つくづく八〇年代のストーンズファンはめんどくさい！）。ビデオもＭＴＶもまだまだ定着しておらず、動いてるストーンズを目にする機会などほとんどなかった当時、この映画はファンにとっては信じられないくらいの至福だった。僕は一九九〇年のストーンズ初来日の東京ドームにも行っているが、最初の一音が鳴ったときの「眼の前にストーンズがいるっ！」という感激は、実際のライブよりこのときの映画の方が強かった。あのときはまったく意識しなかったのだが、前回の全米ツアーで惨劇が起きてしまったときに演奏していた「アンダー・マイ・サム」を、よりによってわざわざ一曲目に持ってきたのも、今から思えば彼らなりの「落としまえ」のつけ方だったのだと思う。

大人になった今は、この映画を当時よりもずっと素直に楽しめるようになった。ストーンズのライブ映画としては、マーティン・スコセッシが撮った『シャイン・ア・ライト』(二〇〇八年)の方が数段生々しい。スコセッシの執拗《しつよう》なほどに細かい編集はほとんど異常で、映画によってバンドの機能が分析されつくされてしまうような緊張感があるのだが、ハル・アシュビーのスキだらけで投げやりな編集には、退屈スレスレのゆったりとしたリズムと多幸感、そして妙な諦念のようなものがある。

「ビースト・オブ・バーデン」のイントロでカメラが空撮に切りかわり、ピンク色の夕日に照らされたスタジアムの全貌が映しだされる瞬間。ああいう場面の開放感にうっすらと『ウッドストック』のころのロック映画の雰囲気が漂って、なんとなく「時代そのもの」がスクリーンに浮びあがってくるような気分になってしまうのだ。

「過ぎゆく時」を語るメロドラマ。

『今のままでいて』
Cosi'come sei

（配給：コロムビア映画／ソフト販売：ニューライン）
1979年（伊・西・米）／監督：アルベルト・ラトゥアーダ／
出演：マルチェロ・マストロヤンニ、ナスターシャ・キンスキー、
フランシスコ・ラバルほか

ナスターシャ・キンスキーの作品ばかりを追いかけていたのは中学生から高校一年生くらいの間で、この当時、高田馬場のパール座でよく彼女の主演作を二本立てで上映していた記憶がある。定番だったのが『キャット・ピープル』（一九八二年）とジョン・ランディスの『狼男ア

メリカン』（八二年）という「獣人変身もの」二本立て。もうひとつが『テス』（八〇年）と『ワン・フロム・ザ・ハート』（八二年）というパターンだった。

『ワン・フロム・ザ・ハート』は塾のO先生がケチョンケチョンにケナしていて、映画雑誌でも散々な評価だった。コッポラは本作の興行的失敗で破産し、今では『ワン・フロム・ザ・ハート』はかつての巨匠の失墜の象徴のような作品とみなされている。中学生だった当時の僕にとって、コッポラといえば『ゴッドファーザー』(七二年）ではなく、『地獄の黙示録』（八〇年）だった。とにかくあの映画が大好きだったのだ。あんなスゴい作品を撮ったコッポラがつまらない映画をつくるはずはないと思っていたし、大好きになったナスターシャ・キンスキーも出ているし、宣伝の文章でコッポラが「私はあまりにも血なまぐさい作品ばかりを撮ってきた。だから美しいラブストーリーをつくることにしたのだ」と健気《けなげ》なことを言っていたので、僕は子どもらしい素直さで「うん、わかる、わかる！」と思い、それなりの期待をしながら『ワン・フロム・ザ・ハート』を観《み》た。

死ぬほどつまらなかった！

彼女の出演作でようやく心底「スゴいっ！」と思えたのは、やはり『テス』だ。

その当時、ポランスキーはテレビで放映された『ローズマリーの赤ちゃん』（六九年）しか観ていなかったし、監督のことはよく知らなかったのだが、とにかく年端の行かないガキには『テス』の重さと絶望感は衝撃的で、あのストーンヘンジを舞台にしたラスト、苦難の連続だった「テス」の生涯についに終わりが見える終幕では、変な疲労感にドドドッと襲われ、なんだか体重が三倍くらいになったような気がして、椅子からなかなか立ちあがれなかった。

それからさっそくトーマス・ハーディーの原作を岩波文庫で読んで、小生意気な読書感想文を書いて国語の先生にホメられたりした。

しかし、大人になってから観なおしてみると、なぜか『テス』はあまり好きになれない。十代のころに受けた衝撃も今はあまり感じられなくて、ところどころにある鈍重さと大仰さが、なんだか鼻につくようになってしまった。

ナスターシャ・キンスキーの出演作で昔も今も好きなのは、すでに大人になりかけの時期に観た『パリ、テキサス』(八五年)を別にすれば、高校生のときに観た『今のままでいて』(七八年)だ。いや、当時、名画座で初めて観た直後は、マルチェロ・マストロヤンニの中年男と、ナスターシャ演じる小娘の「乳繰り合い」を描いただけのメロドラマで、なんだか「大人のアホ映画」という印象だったのだが、観た後になぜか少しずつ好きになって、名画座でかかるたびに何度も観にいった。

当時の僕があの作品をどういうふうに感じていたのか、今となってはよくわからない。マルチェロとナスターシャのふたりが素っ裸でご飯を食べるシーンなど、本当に楽しげで「わあ、いいなぁ!」という幸福感があって、その幸福があの『吸血鬼』(三二年)が上映されている場末の映画館でプツリと終わる……という、ただそれだけの映画なのだが、幸福な時がいつの間にか過ぎてゆく、楽しい時間がいつか終わってしまう、なにかが変わって、それがあっという間に「懐かしいもの」になってしまうといったことが、ただ淡々と、でも生々しく描かれるような映画だった。「時は過ぎてゆく」ということだけが語られるメロドラマというか……。

高校生のガキにとって、あそこで描かれる「自分の娘かもしれない少女とのひとときの恋」なんてものは、とてもじゃないが縁遠く、実感を持って没入できるようなテーマではないのだが、それでも「時が過ぎてゆく」ことの実感というか、「楽しい時間が終わってしまう」ときの「感じ」みたいなものは、やはり子どもにもわかったのではないのかな、と思うのだ。

僕はアルベルト・ラトゥアーダ監督のほかの作品はほとんど見ていないのだが、彼が監督してカトリーヌ・スパークが主演したロストバージン映画『十七歳よさようなら』(六一年)にも、同じような鮮烈な印象を受けた。

性への憧れと好奇心に揺れる「フランチェスカ」が、念願の目的を達した後、ひとりの部屋のベッドで無言のままカメラを凝視する長いラストシーンのカットは、「少女が大人になる」などといったことをはるかに超えた凄《すご》みがある。あの驚きとも悲しみとも怒りともつかないカトリーヌ・スパークの表情は、「時は過ぎてゆく」こと、そして、それはもうもとには戻らないということに気づいてしまった少女の顔だった。

混乱を極めた現場から誕生した奇怪な超大作。

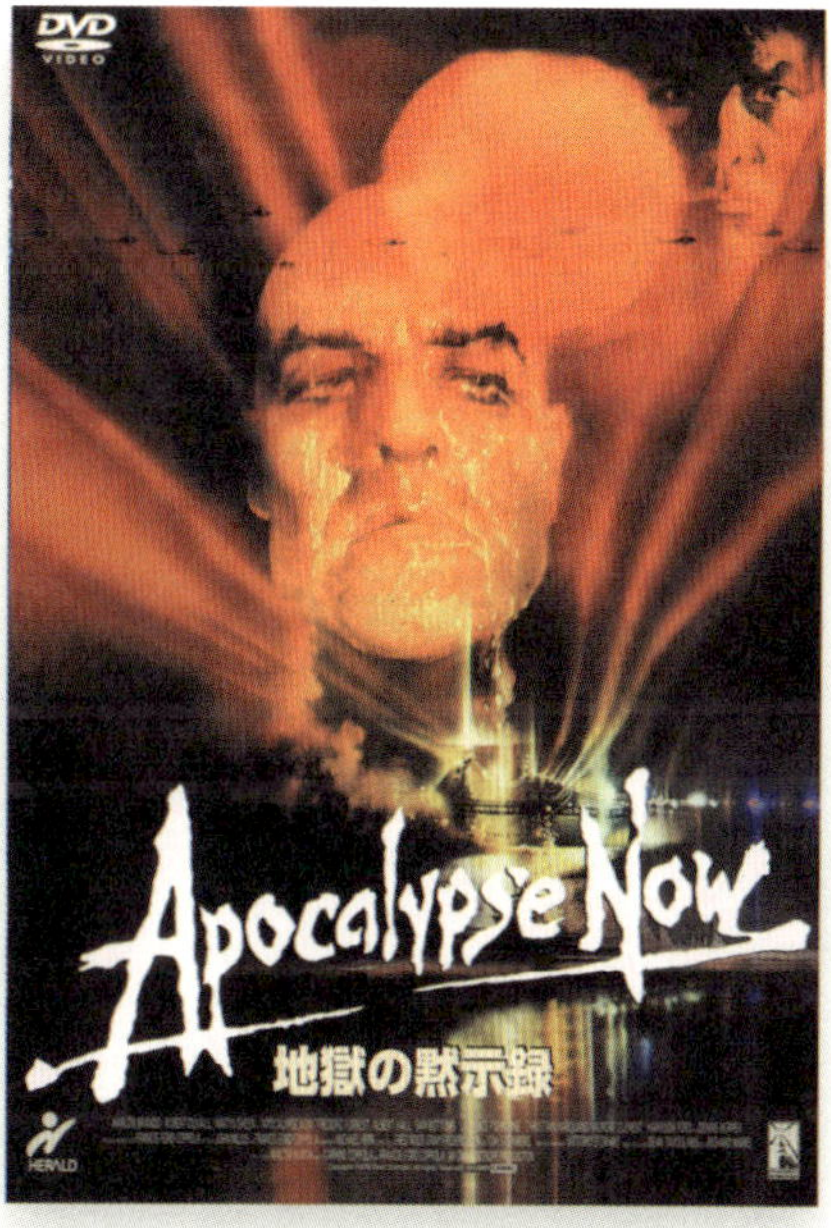

『地獄の黙示録』
Apocalypse Now

(配給：日本ヘラルド映画／ソフト販売：パイオニアLDC)
1980年(米)／監督：フランシス・フォード・コッポラ／
出演：マーロン・ブランド、ロバート・デュバル、
マーティン・シーンほか

この映画も僕にとっては「ロック映画」だった。リアルタイムでは観《み》ていない。映画館に張ってあったポスターの記憶だけがあって、ただ「マーロン・ブランドの顔が怖い」と思っただけだった。高校生になってから、「ドアーズの『ジ・エンド』が流れまくる映画らしい」という

ことを知って、ただそれだけで観にいった。

映画館は下高井戸シネマだったような気がする。併映は確か、本公開が終わったばかりの『戦場のメリークリスマス』(一九八三年)だったと思う。


観終わった後はボーッとしてしまった。

「『ジ・エンド』が流れまくる映画」というより、その当時、憑《つ》かれていたように聴いてたドアーズの世界を、そのまま悪夢的な映像にしたような作品だった。帰りに新宿の紀伊国屋で、岩波文庫のコンラッドの『闇の奥』を買った。そのときの僕は『地獄の黙示録』の原作が『闇の奥』であることはなにかで読んで知っていたが、コンラッドについてはなにも知らなかった。本を開いて、はじめてこれが二〇世紀初頭に発表された小説であることを知って、「えぇっ!ベトナム戦争の話じゃないの?」とひどくビックリしたアホな思い出がある。

後に筑摩書房から『ジャングル・クルーズにうってつけの日』(生井秀隆・著、一九八七年)が刊行され、こちらは『地獄の黙示録』の副読本としては最適だった。


それ以来、『地獄の黙示録』は一年に一回程度は必ず観ていると思う。なぜ周期的に観たくなるのか、自分でもよくわからないのだが、たぶんなにやら妙な心地よさがある映画だからなのだろう。最初に観たときは高揚感や衝撃もあったが、観返すたびにそうしたものは消えてゆき、代わりにまどろんでしまうような心地よさというか、居心地のよさのようなものが前面に出てくる気がする。そのぬるま湯のような感覚に浸りたいから何度も観てしまうのだが、それこそ文字通りの「地獄」であるベトナムの戦場を描くこの作品が、なんでこんなに居心地がいいのか、どうもよくわからなかった。

考えてみると、ひとつはたぶん、この作品が船で川をさかのぼる映画だからなのだと思う。大河から徐々に川幅が狭くなっていく「奥」への旅。それは「王国」に住む「カーツ大佐」の狂気へと近づく旅であり、同時に主人公「ウィラード大尉」が自分の意識のなかへと降りていく旅であり、さらには近づく狂気の核心と自分が徐々に同化していく旅であり……という、この構成のリズムというのか、映画自体の動きが心地よいのだと思う。なんだか本当に夢を見ているような気分になるのだ。

もうひとつは、これが実はまったく戦争映画ではないということだ。本作は「凄惨《せいさん》なベトナムの戦場を描いた」とされることもあれば、「戦争を美しく描いている」と批判されることもある。僕も初めて観たときは、ベトナム戦争の狂気の混乱のなかに投げ込まれたような恐怖を味わった気になった。しかし、観なおすたびに確信するのは、コッポラは現実のベトナム戦争を本気で描く気はなかったというか、そもそもあんまり興味がなかったんじゃないか？（笑）

戦場の描写はリアルというよりはむしろ「超現実的」で、その凄惨《せいさん》さや恐怖も、まるで夢のなかのできごとのようにシュールで甘美だ。次々とトラブルに見舞われた本作の撮影は映画史に残る「大混乱」だったことはよく知られているが、現場の人間はもう誰もマトモじゃなかったようだし、コッポラ自身も自分がなにをやっているのかわからなくなりかけていたこともあって、最終的には完全なドラッグムービーというか、正気を失ったコッポラのイメージが炸裂《さくれつ》する「サイケデリック映画」になっている。

　この映画が悪夢的なのは、ベトナム戦争が悪夢的だったからではなく、コッポラが混乱した頭で見てしまった「ベトナム戦争の夢」を描いたものだからであり、しかし、それが現実のベトナム戦争の悪夢にも図らずも似てしまっている……というような、極めて珍妙な作品だからだと思う。この狂った他人の悪夢のなかに入ってしまうような感覚が、『地獄の黙示録』独特の中毒性の正体だと思うのだ。

　本作には「劇場公開版」や「特別完全版」など四種ほどのバリエーションがあって、もはやなにがなんだかわからないのだが、僕が初めて観たのは、「カーツ大佐の王国」がナパーム弾の空爆で焼きつくされ、その暗闇に揺らめく炎の映像にエンドタイトルが重なる……というものだった。いわゆる「三五ミリ版」というやつだ。初めて観たのがコレだったから、ということなのだろうが、コッポラの意図で決定版とされているバージョン、爆破シーンがなく、エンドクレジットもなしで唐突に終わるエンディングより、あの炎が延々と揺らめきつづけるラストが好きだ。耳鳴りがしてくるような不吉な音楽も素晴らしかった。

　ラストの解釈がどうのということでよく議論になるが、あの「煉獄の炎」の映像で終わるほうが、より悪夢的に甘美だったと思う。

炸裂《さくれつ》する「ウルトラバイオレンス」!

『時計じかけのオレンジ』
Clockwork Orange

(配給:ワーナー・ブラザース/
ソフト販売:ワーナー・ホーム・ビデオ)
1972年(英)/監督:スタンリー・キューブリック/
出演:マルコム・マクダウェル、パトリック・マギー、
マイケル・ベイツほか

これもゴダールの『ワン・プラス・ワン』と同じように、ストーンズ関連の本で言及されていたから観《み》にいった映画だった。初めて観たキューブリック作品が本作で、やたらと気に入ってしまい、しばらくは名画座でキューブリック作品がかかるたびに観にいった。

今はどうだか知らないが、当時はロックを聴いているヤツは、どうしてもアレコレの映画を観なきゃならなくなるような状況があったと思う。ロックやポップミュージックと映画の距離が非常に近かったというか、ミュージシャンが映画をネタに作品を作ったり、ロック雑誌などが普通に映画の特集を組むことが多かったのだ。特に八〇年代にそういう傾向が顕著だったと思う。『ブレードランナー』(八二年)などは、アーティストも含めて、ロック系のメディア内で大騒ぎになっていたし、ゴダールにしても、ヴェンダースにしても、あと『エル・トポ』(八七年)のホドロフスキーなんかにしても、「ロックを聴いてるなら押さえとかなきゃならない映画」みたいなものがいっぱいあったのだ。

まぁ、これは今とは違って単にサブカル領域内で「旬のモノ」がはっきりしていたということなのかもしれないし、今はすっかり衰退してしまっている洋楽シーンが活況を呈していたから、そこがカルチャー全般を学ぶ場にもなり得ていた、ということなのかもしれない。いずれにしても、ひとつの好きなモノを追いかけていると、別の領域のアレコレに触れる機会が次々に出てくるというのは、文化の状況としては健全だったのだと思う。

「あのころの僕らは、まさに『時計じかけのオレンジ』だった。めちゃめちゃなことばっかりやってたよ」と、確かミック・ジャガーがなにかのインタビューで言っていたので、僕は「これは絶対に観なければ!」と思って、さっそく『ぴあ』で調べて名画座に行ったのだ。中学生ならではの美しいほどの素直さである。

もちろん常軌を逸した映画の暴力性に唖然《あぜん》としたし、いくら六〇年代のストーンズが「めちゃめちゃなことばかりやってた」とはいえ、こんな凶悪だったわけはないだろ、嘘《うそ》つき!……と思ったが、とにかく「アレックス」たちの笑ってしまうくらいの非道な無軌道ぶり、乾ききった「ウルトラバイオレンス」と、奇妙な近未来を表現するポップでスタイリッシュな美術、独特な世界観に完全に魅了されてしまった。で、アンソニー・バージェスの原作を読み、ウニョウニョとしたビザールな電子音楽版のベートーベンがたっぷり詰まったサントラを聴きまくったのだ。

今思えば、こういうポップなセンスというか、ティーンエイジャーを一瞬で夢中にさせてしまう魅力の盛り込み方はキューブリックならではのやり口で、やっぱり商売人だなぁ、とつくづく感心する。その分、本来のディストピア小説的な要素が薄まって、ウッカリ観てると凶悪な「アレックス」に共感どころか憧れてしまって、「カッチョいいーっ!」なんて思う「暴力礼賛映画」になっているフシもあるのだが、それがまたこの作品特有の魅力になっている。

まぁ、その影響によって各国で実際に凶悪犯罪が起きたりもしているので、そこをホメるわけにもいかないのだが、しかし、あの「ドルーグ」たちのスタイルは今見てもやっぱりカッコいい。そういえば、完全に『時計じかけのオレンジ』になりきっちゃったようなアディクツってバンドもいたけど、どうしてるかな?(調べたら、まだやってた!)

「効かない麻薬」だった……

『2001年宇宙の旅』
2001: A Space Odyssey

（配給：MGM／ソフト販売：ワーナー・ホーム・ビデオ）
1968年（米）／監督：スタンリー・キューブリック／
出演：キア・デュリア、ゲイリー・ロックウッド、
ウィリアム・シルベスターほか

『時計じかけのオレンジ』でキューブリックが好きになり、彼の作品を追いかけていた時期に名画座で観《み》たのだが、これについてもストーンズ本の記述が以前から気になっていた。ミック・ジャガーがインタビューで、「あのモノリス（石版）は実はハーシーの板チョコだっ

て言ってる女の子がいて、これはおもしろい意見だ」とかマヌケなことを語っていて、当時の僕はやはり「よくわからないけど、これはぜひ観なければ！」と思ったのである。

名画座で『博士の異常な愛情』（一九六四年）との二本立てで観たが（この組み合わせは当時の定番）、高校生のころの僕は（いや、今もかもしれないけど）、すごく期待していた『2001年宇宙の旅』は思っていたほどスゴくなくて、『博士……』の方に度肝を抜かれた。ひとり三役のピーター・セラーズの大活躍に驚き、特に「Dr.ストレンジラブ」役の彼はめちゃめちゃ気持ち悪くて魅力的だったし、「タージドソン将軍」のジョージ・C・スコットのガキ大将的右翼軍人ぶりは、今観ても大笑いできる（いや、今だとむしろギャグにならなくて笑えないかも）。あと、「コング少佐」のスリム・ピケンズ！　初めて観たときは「あ、『ポセイドン・アドベンチャー2』のおっさんだ！」と懐かしくなったが、「善良でマジメで律儀な軍人」という愛すべきキャラは彼にピッタリだった（最終的には世界を滅亡させちゃうけど）。

『2001年』もまたロック好きの間でやたらと言及される映画だった。特に後半のサイケデリックなトリップ映像が「スゴい！」といわれていて、僕もそこに期待していたのだが、さすがに八〇年代に観ると映像表現が古くさくて、上の世代の人たちが絶賛するような「LSDをキメた気分」にはまったくなれなかった。ほかのシーンは今観ても「うわぁ」と思うほど斬新なのだが、あのトリップ映像になると急にダサくなるんだよな。というのは、要するにいろんな作品にパクられまくって常套《じょうとう》手段になったから、ということなのかもしれないけど。

「とにかく難解！」として知られていたメインのプロットも、トリビア的な細部はともかくとして、当時の高校生が観ても普通に理解できたような気がする。で、「この話、おもしろいのかなぁ？」と首を傾《かし》げた。

ずっと気になっているのは、僕が大嫌いだった高校の現国の教師が言っていたことだ。このおっさんは、『二〇〇一年』の公開に先立ち、映画会社が「識者」を集めて試写をしたことがあって、自分はその「識者」のひとりだったと言っていたのだ。で、「こんなわけのわからない退屈な映画がヒットするはずがない。とにかくダラダラと長すぎるから、この場面とあの場面をカットしろ！」と指示したそうだ。実際に劇場公開されたバージョンは、ちゃんと自分の指定箇所がカットされていたそうで、「だからこそあれだけ評価されて名作になったんだ！」とか言って自慢していたのである。

そんなことが本当にあったのかなぁ？　だいたいキューブリックの作品を海外の配給会社が勝手に切ったりできるのだろうか？　それも評論家とかではなく、映画と縁もゆかりもない高校教師の意見を参考にして？

やたらと高圧的でえばりくさった偉そうな教師で、僕は死ぬほど嫌いだったが、しかし、生徒にくだらない嘘《うそ》をつくようなタイプではなかったような気もするので、今も謎である。

60年代ロンドン、
「モッズ」たちの青春。

『さらば青春の光』
Quadrophenia

（配給：松竹富士／ソフト販売：ユニバーサル・ピクチャーズ・ジャパン）
1979年（英）／監督：フランク・ロッダム／
出演：フィル・ダニエルズ、スティング、レスリー・アッシュほか

ザ・フーが七三年に発表した二枚組の大作アルバム、ロックオペラ『四重人格』を映像化した作品である。一九六四年のロンドンを舞台に、「モッズ少年」である「ジミー」を主人公にしたイギリス版『アメリカン・グラフィティ』的な要素もある青春ロック映画だ。

「モッズ」とは、当時のロンドンの若者たちの間で流行したスタイルで、スリムなスーツとアーミーコートでキメて、ベスパやランブレッタのスクーターを乗りまわす連中。彼らには英国風のライフスタイルへの執着があり、ザ・フーやキンクスなどの音楽を愛好している。一方、革ジャンにハーレーのライダーズスタイルをトレードマークに、プレスリーやジーン・ヴィンセントなど、アメリカのロックに心酔しているのが「ロッカーズ」。この二派は互いを敵視しており、常に「戦争状態」にある。そんな日々を過ごした若者のたちの青春が、かなり暗いタッチでメランコリックに描かれる。

『さらば青春の光』は、現在では「ロック映画の決定版」的な作品とされているし、モッズ・カルチャーを描いた映画としてはバイブル的な「名作」として語り継がれているが、僕の高校生時代、八〇年代初頭あたりは、名画座でもほとんど目にする機会のない超マイナーな映画で、情報もほとんどなかった。欧米ではストーンズやビートルズと並び称されるザ・フーが、なぜか日本ではまったく売れないということはよくいわれていたが、当時は本当にザ・フーに関する情報は日本のメディアでは取り沙汰《ざた》されなかったのだ。

そのころ、僕は高校の友人たちとバンドを組んでいて、そのメンバーはみんなザ・フーに夢中だったのだが、そもそもモッズとはなんなのか?ということすら、どうもハッキリしなかった。資料になるようなものはなにもなく、もちろんネットなんてものもなかったので、ザ・フーの日本版のアルバム（当時は初期のアルバムは日本版すら販売されていなかった）に添付されるライナーノーツなどの断片的な情報をつなぎ合わせて、なんとなく六〇年代のザ・フーを取り巻くモッズカルチャーの雰囲気を想像するだけだったのである。

なので、文芸坐だか下高井戸シネマだったか忘れたが、「ロック映画特集」として『トミー』（七六年）などとともに本作が上映されたときは「やっと観《み》れる！」と狂喜した。そして、もうオープニングのあのシーン、「モッズ」の連中がスクーターで夜の街を疾走する映像に『リアル・ミー』がかかる瞬間に、「な、な、な、なんてカッコいい映画なんだっ！」と完全にノックアウトされてしまったのである。

翌日の学校では、もちろんバンドのみんなとその話でもちきりだったのだが、「ラストでジミーは死んだのか？」ということで論争が勃発した。物語は「ジミー」がスクーターで崖に突っ込み、スクーターだけが落下する「疑似自殺」のようなシーンで終わる。原作でも「ジミー」は死んでいない。しかし、映画では本当にスクーターとともに「ジミー」が身を投げたようにも見える編集になっているのだ。「あれは絶対死んでる！」と主張するヤツと、「いや、崖の上に残っているジミーの姿が一瞬映るシーンがあったから死んでない！」とする僕らが対立し、ラチが明かないのでまたみんなで観にいった。しかし、再度観ても、生き残った「ジミー」が一瞬だけ映るシーンは「あるような、ないような」という感じで、どうも曖昧なのである。「あった！」「なかった！」とまた論争になって、関係が険悪になってしまった。ビデオがまだ普及していなかった時代ならではの不毛なケンカである。

あれだけ夢中になった映画なのだが、今では観返すことはほとんどない。「モッズ」の風俗をこれほど仔細《しさい》に描いた作品はほかにないが、その部分の興味が失われてしまうと、映画としてはやはりちょっと退屈なのである。青春の時期に観てこそ熱狂できる典型的な青春映画なのかな?……とも思う。

……なんて大人ぶってみたが、しかし僕はやはりこの作品に絶大な影響を受けていて、これを観た翌年、どうしても映画のクライマックスの舞台になったブライトンに行きたくなり、受験生のくせに彼の地に短期留学したのだった。ロケ現場に憧れて旅行したなんてことは、それ以来、一度もない。あのころの僕は、本当に心底「あの映画のなかにどうしても入ってみたい!」と考えていたんだなぁ、と思う。

ブライトンに到着したときは「モッズの聖地に来たぞっ!」と感激したが、二〇年も前に流行した「モッズ族」など、八〇年代のブライトンには影も形もなかった。向こうで通った学校のクラスメイトや先生に「ここはモッズとロッカーズの歴史的大戦争があった街だよね?」と話題をふっても、「え? そうなの?」と逆に驚かれてしまった。フーを聴いているヤツもいなくて、街のみんなが夢中になっていたのはフランキー・ゴーズ・トゥ・ハリウッドだったのである。

COLUMN

「2時のロードショー」は僕らの「映画学校」だった

現在は地上波テレビの映画枠はほぼ全滅の状態だが、かつては午前中からゴールデンタイム、そして深夜まで、いたるところに古今東西の作品を放映する映画枠があった。当時は映画である程度の視聴率を稼げたからということもあったのだろうし、夜九時台のゴールデンタイムには鳴り物入りで話題の大作が放映されることも多かったが、そういうこととはまったく別に、あちこちにポカリと空いてしまったプログラムの「隙間」はとりあえずすべて映画で埋めておこう……といった慣習もあったのだと思う。

平日の真っ昼間や日曜日の昼下がり、真夜中の二時前後などの中途半端な時間帯に、おそらく局がそれなりの大作と抱き合わせで購入させられたと思われるさまざまなB級、C級映画が延々とたれ流されていた。子ども時代、ああいう「隙間」の時間にたまたまテレビをつけて、まだ無名だったころのデヴィッド・クローネンバーグの『ラビッド』

（一九七八年）や、ロミー・シュナイダーが発狂しているとしか思えない『地獄の貴婦人』（七五年）などを観《み》てしまうと、世界の果てから届く「怪電波」を受信しているような気分になった。

その当時から「隙間」の「映画たれ流し」をお家芸としていたのが、東京12チャンネル、現在のテレビ東京である。すばらしいことに、当時と比べればだいぶ少なくなったとはいえ、同局は現在もこの特徴を堅持してくれている。

八〇年代の初頭、テレ東は月～金の午後二時に帯番組としての映画枠を創設した。それ以前も平日昼下がりの映画枠はあったのだが、それを「2時のロードショー」という番組名で統一したのだ。今も放映されている貴重な昭和的映画枠である「午後のロードショー」の前身となる番組である。この「2時のロードショー」がなければ、僕は今ほど映画好きにはなっていなかったと思う。子どものころから各地の封切館や名画座で感動やらトラウマやらを与えられてきたが、どんな映画館よりも「2時のロードショー」にはお世話になった。お芸術映画からファミリー向けの娯楽作、詐欺まがいのインチキ見世物映画からポルノ映画（平日の真っ昼間にもかかわらず！）、そして犯罪を礼賛するような危険な作品まで、監督も製作国も製作年もてんでバラバラな状態で、ありとあらゆる種類の作品を無差別に「たれ流し」つづけてくれた「2時のロードショー」は、僕らにとってブラウン管のなかの

「グラインドハウス」であり、本当に理想的な「映画の学校」だったのだ。

底なしの泥沼のようなカオスだった「2時のロードショー」の放映作品から、とりあえず思いだせるものをランダムに拾いあげてみると、たとえば「安楽死」と「食人」が国家によって合法的にシステム化された超絶格差社会を描くリチャード・フライシャーの『ソイレント・グリーン』(七三年)。当時は「社会のしくみ」が明らかになるラストで「ギャ〜ッ!」と叫びそうになったが、この「社会のしくみ」がほとんど現実になりつつある今ならたいした恐怖は感じないかもしれない。同じくSF作品では、何度も何度も放映されて見飽きた『SF人喰いアメーバーの恐怖』(五八年。別題『マックイーンの絶対の危機』)。『グリース』(七八年)に登場したドライブインシアターでかかっていた映画だ。『チキチキマシーン猛レース』をグロテスクに実写化したような『デス・レース2000年』(七七

『ソイレントグリーン』Soylent Green
(配給:MGM/ソフト販売:ワーナー・ホーム・ビデオ)
1973年(米)/監督:リチャード・フライシャー/出演:チャールトン・ヘストン、エドワード・G・ロビンソン、チャック・コナーズほか

年）も強烈だった。おしゃれでポップなエロSFの名作『バーバレラ』（六八年）を初めて観たのも「2時のロードショー」だったような気がする。テレ東で放映されるときは『SFセックスマシンの四万年の惑星・バーバレラ』という意味不明の副題がつくこともあった。

ポップでエロといえば、サイケでヒップな『キャンディ』（七〇年）とか、カトリーヌ・スパークがよろめく『女性上位時代』（六九年）なども印象的だが、タニア・ロバーツの『ラストレイプ』（七六年）や、勝手な邦題でシリーズ化されていた『白昼の暴行魔』（七八年）など、かなりガチなポルノまで平気で放映されていた。

どの映画も枠に合わせてズタズタにカットされているので、CMが明けると話がつながっていなかったりして戸惑うことも多かった。あまりに唐突に終わる『ダーティ・メリー　クレイジー・ラリー』（七四年）とか、カットバックが延々と続いて終わる『扉の影に誰かいる』（七一年）などは、映画が終わったのか終わっていないのかすら判断できない。「日本文化センター」の通販CMになってしばらく眺めていると次の番組がはじまってしまい、「あ、あれで終わりなのか……」と納得してテレビを消したりしていた。

物憂くリリカルな青春ノワール。

『冒険者たち』
Les Aventuriers

（配給：大映／ソフト販売：アミューズソフトエンタテインメント）
1967年（仏）／監督：ロベール・アンリコ／
出演：アラン・ドロン、リノ・ヴァンチュラ、
ジョアンナ・シムカスほか

中高生時代、連日のように「2時のロードショー」を観《み》てダラダラと過ごせるのは、夏休みの間に限られていた。春休みも冬休みも観ていたと思うのだが、不思議とほかの季節の記憶はあまりなくて、あの枠で大量の映画を観まくっていた日々を思いだすと、季節は「いつも夏だ

った」という印象なのだ。

炎天下の昼下がり、照りつける日光を避けるためにカーテンを閉めてクーラーを効かせたリビングで、ザラザラに汚れたフィルムの得体の知れない古い映画を観はじめ、楽しい気分になったり、怖くなったり、不安になったり、驚愕《きょうがく》したりしながら九〇分を過ごして気がつくと、日差しはいつのまにか黄色い西日に変わっている。なんだかあたりはシーンと静まり返っていて、自分が浮世離れした映画に没頭している間に、世間の人々はどこかへ消え失せてしまったんじゃないかというような気分になった。

僕にとって「2時のロードショー」はそういうものだった。無為に過ごしてしまった夏休みの一日の「白昼夢」みたいだ。


「どうせ誰も観ていないよ」という感じの投げやりな番組だった「2時のロードショー」だが、夏の間はちょっとだけラインナップに力が入っていたような気がする。特にお盆の期間は、海賊映画や海洋冒険ものなど、海が舞台となる作品や、夏休みの子どもたち向けのファミリー映画、納涼的な意味合いのホラー映画など、一応は「夏らしい映画」を選んで放映していた記憶がある。僕は興味なかったが、プレスリーの『ブルー・ハワイ』(一九六二年)なども毎年夏になると放映されていた。そのほかにも大量の「ハワイ映画」(?)を流していて、アメリカ人とハワイの先住民が対立したり、島の火山が大爆発したりする似たような映画を連日のように見せられた。当時はなにがなんだかわからなかったが、ああいう一連の作品は、ハワイがアメリカの州に昇格した六〇年代に「ハワイブーム」が起きて、そのころに粗製乱造されたB級映画群だったらしい。

そうした「2時のロードショー」の「夏の映画」のなかで、もっとも強く印象に残っているのがロベール・アンリコの『冒険者たち』(六七年)だ。その当時のオジサン世代にとっては、『太陽がいっぱい』(六〇年)などと並ぶ「フランス青春映画の金字塔」的作品だったようだが、ああいうヨーロッパ的なセンチメンタリズムとロマンチシズムにあふれた作風は僕には初めて触れるもので、すっかり魅了されてしまった。青春映画であり、海洋冒険ものでもあり、犯罪映画風の要素もあって、さらにラブストーリーでもあるのだが、それらがすべて物憂くリリカルな雰囲気に包まれていて、同じように青春の挫折と破滅を描くアメリカン・ニューシネマなどとは、まったく違った印象を残す。

観た当時は、小学生のときに大好きだった『ルパン三世』(もちろん七一年版の)の世界と同じ匂いがするなぁ、と思った。それから原作のジョゼ・ジョヴァンニの小説をハヤカワ・ミステリで読んだりして、「ロマンノワール(暗黒小説)」(フランス風ハードボイルド)という文芸ジャンルがあることを初めて知り、第一期の『ルパン三世』もこの分野から多大な影響を受けていることも知った。フランソワ・ド・ルーベのシニカルなのに叙情的な音楽も大好きになって、輸入盤屋でアンソロジーのレコードを買い込んで、一時期はいつも部屋でかけっぱなしにしていた。

この作品はいろいろな映画に影響を与えたようで、たとえば藤田敏八の日活青春映画を初めて観たとき、あの海の感じが「あっ、『冒険者たち』だ！」と思ったりしたのだが、もう数十年越しで気になっているのが、本作にモロにオマージュを捧げていた同タイトルの『冒険者たち』（七五年）という日本映画だ。これも確か高校生時代の土曜日の夕方、たまたまテレビで途中から観ただけなのでほとんど覚えていないのだが、主演はなんと「あのねのね」。しかしコメディーではなく、陰鬱で破滅的でシリアスな青春映画だった。途中で挿入される「あのねのね」の楽曲も、いつものアホなコメディーソングとは似ても似つかない重く暗いタッチで（記憶では、なにやらシド・バレットみたいな作風だったような）、非常に驚いた覚えがある。ストーリーはすっかり忘れたが、『冒険者たち』同様、「あのねのね」のふたりとひとりの女の子、そして少年が海で宝探しをするという内容だったと思う。結末はとてつもなく陰惨だった。秋吉久美子が主演した『パーマネント・ブルー真夏の恋』（七六年）にちょっと似てた記憶があるなぁ……。

監督は『混血児リカ』シリーズの『ハマぐれ子守唄』（七三年）を撮った臼井高瀬、音楽はJ・A・シーザーが担当していたらしい。ソフト化はされていないし、僕もあれ以来、一度も観る機会のない映画だが、観なおすとズッコけるかもしれないと思いつつも、なんとかもう一度観てみたい作品なのである。

唯一無二の不思議な「カツカレー」

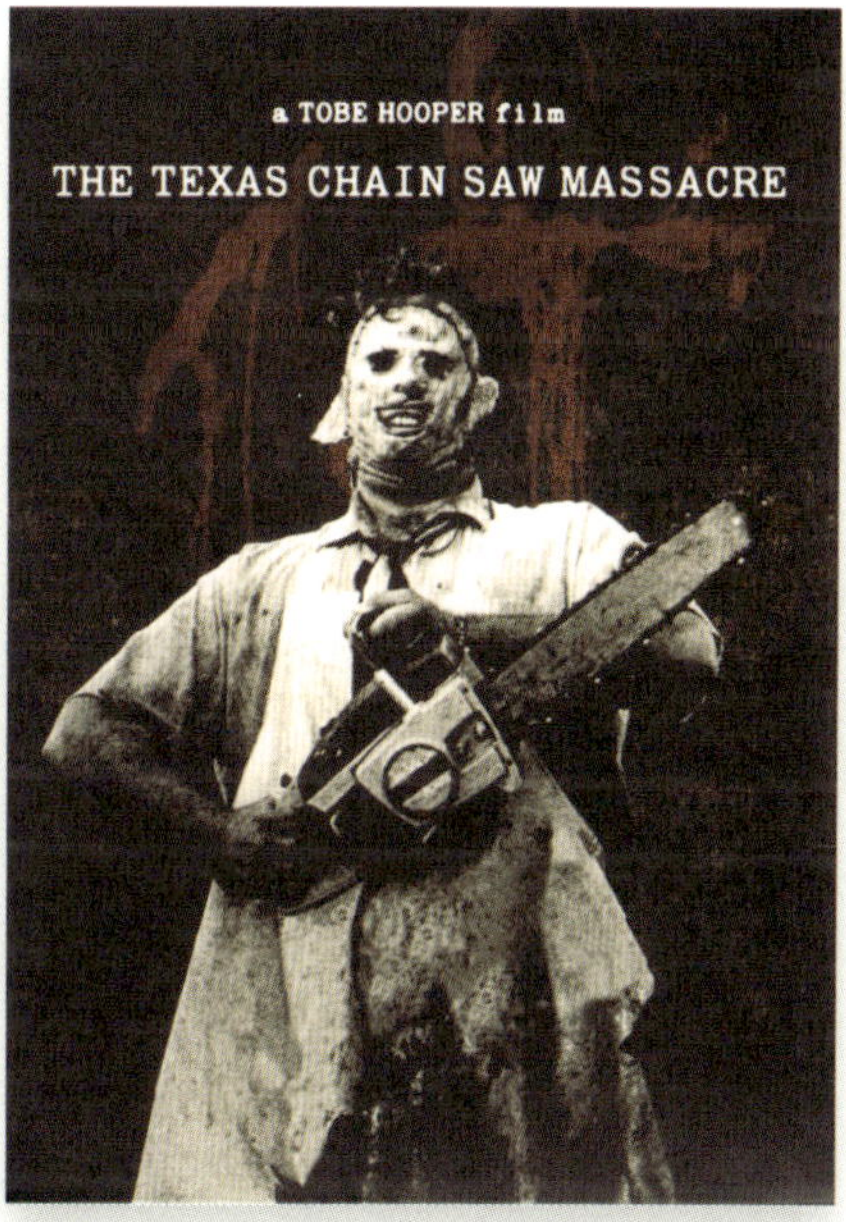

『悪魔のいけにえ』
The Texas Chain Saw Massacre

（配給：日本ヘラルド／
ソフト販売：デックスエンタテインメント）
1975年（米）／監督：トビー・フーパー／
出演：マリリン・バーンズ、アレン・ダンジガー、
ポール・A・パーテインほか

ホラー映画は子どものころから大好きだったが、このジャンルが前代未聞のブームを起こしていた八〇年代初頭あたりの話題作については、とにかく観《み》るたびに「金返せっ！」と腹を立てていたような気がする。

僕が恐怖映像の楽しみを知ったのは、やはり幼少期のオカルトブーム時に大量に放映された「あなたの知らない世界」などの心霊系のテレビ番組からで、ホラー映画にもそうした種類の恐怖を求めていた。つまり、なにかよくわからないものから与えられるよくわからない恐怖、子どもが理由もなく闇を怖がることに似た「理に落ちない恐怖」だ。観てしまった夜は「観なければよかった！」と後悔しながら寝られなくなってしまう……。そうした不安に満ちた体験を求めていたのである。

しかし、八〇年代のホラーブーム時に（主にアメリカで）量産されたのはスプラッター映画であり、なかでも人気が高かったのはいわゆるスラッシャー映画だ。調子こいてはしゃぎまわる若者たちが、人間だか幽霊だかモンスターだか知らないが、突如現れた「謎の大男」に問答無用にブチ殺されまくる、といったタイプの作品ばかり。それで「ほら、怖いでしょ？」と言われても、そりゃあ怪力の大男に暴力をふるわれれば誰だって怖いが、それは「のび太」が「ジャイアン」を怖がることの延長線上にある恐怖で、僕が求めているものとはまったく別種だ。お寿司屋さんに行ったのに大盛りのカツカレーを出されたようなものである。「殴られるから怖い」とか「血が出るから怖い」とか、体育会系的（？）にしか恐怖を理解していないらしいアメリカ人は「みんなアホなんじゃないか？」となかば本気で思っていた。大人になってからは『ハロウィン』（一九七九年）や『13日の金曜日』（八〇年）も楽しめるようになったが、当時はどこの映画館に行っても出される同じような大味のカツカレーにウンザリしていたのだ。

『悪魔のいけにえ』は、「大男が問答無用で暴力をふるう映画」の元祖にして金字塔である。後のスプラッターやスラッシャー映画の定形をつくった作品であり、理不尽で一方的な暴力がなんの説明もないままにただひたすら行使されるという作風は、当時の観客にとってつもない衝撃を与えた。アメリカの多くの州で上映禁止騒動が起き、一方で公開した映画館には長蛇の列ができて、素人同然のスタッフが制作した低予算自主映画にもかかわらず、世界中でとてつもない興行収入を記録し得たのは、まさにこの作品が「観たことのないものを観てしまった！」という気分にさせる映画だったからなのだろう。

僕はスラッシャーブームに辟易《へきえき》しているころにテレビで観たが、それでもやはり「観たことのないものを観てしまった！」と心底驚いて、「この作品は別格！」だと感激してしまった。ところが、なんで「別格！」なのかがいまだにうまく説明できないし、さまざまな人がさまざまな『悪魔のいけにえ』論を書いて本作を賛美しているが、そうしたものを読んでも「なんでこの作品がこれほど特別に見えるのか？」ということに納得できたことは一度もない。

僕がウンザリしていた典型的なカツカレーそのものなのに、どういうわけかほかのカツカレーとはまったく違うのである。あまりに荒っぽい演出と編集を見れば、技術的にスゴく巧みなコックがつくった特別においしい秘伝のカツカレー、ということではまったくないと思う。さまざまな工夫が凝らされているが、それは「巧み」という感じではないのだ。印象のわりには実は残酷シーンは非常に少なく、この映画のイメージとなっている「チェーンソーによる殺戮《さつりく》」などは実際には出てこないし、そもそも血が流れるシーンすらほとんどないことを考えれば、ジューシーな肉をたっぷり使った食べごたえのある超大盛りカツカレー、ということでもない。アッサリしすぎていると思うほどに淡白である。「じゃあ、どこか違うのか?」と考えてみても、やはりよくわからない。ただ観るたびに、いつの間にか自分がカツカレーの材料にされてしまったような強烈な絶望感と、自分の体がこんがりと揚げられちゃって「ああ、もうダメだ……」という諦念が、なぜかちょっと楽しくなってくるような変な高揚感とともに心に満ちてくるのである。

クライマックスでは、「レザーフェイス」に追われて林のなかを逃げる「サリー」の姿をカメラがひたすら追いつづける。徐々に周囲は完全な闇となり、位置関係も方向もわからない真っ黒な空間を背景に、走る「サリー」の姿が浮かびあがるショットが延々と続く。あのあたりになると、もう自分がなにを観ているのかよくわからなくなってくる。スリルといったものとはまったく別種の感覚、そんなものがあるのかどうかはわからないが、人間が「喰《く》われる側の動物」だったころの太古の記憶が心の奥から呼び覚まされ、そのことに「野生の解放感」みたいな「自由」を感じ、なんだか夢見心地になってしまう。

やはりここには気が狂うほどの強烈な恐怖がある、としか言いようがない。

アメリカの田舎には「地獄」がある。

『悪魔の沼』
Eaten Alive

(配給：ヘラルド／
ソフト販売：デックスエンタテインメント)
1976年(米)／監督：トビー・フーパー／
出演：ネヴィル・ブランド、メル・フェラー、
マリリン・バーンズほか

子ども時代に「2時のロードショー」を見ていて非常に不思議だったのが、「田舎は怖いっ！」系のホラーというか、アメリカ東部の夫婦や若者が南西部に出かけていって、頭のおかしい村人や、田舎町の恐ろしい因習の犠牲になってひどい目にあう……といった作品がやたらと多いことだった。特に七〇年代なかばあたりに、「田舎は怖いっ！」をテーマにしたひとつのジャンルが形成されていたらしいのだ。

この要因が七五年の『悪魔のいけにえ』の大ヒットにあり、さらにもとをたどればウィリアム・フォークナーの「南部ゴシック」小説にあることを知ったのは大学生になってからだった。アメリカの田舎町には都会人には理解不能な不気味でグロテスクでオカルティックで原始的な「別世界」がそのまま残っている……という、このゾクゾクする設定が僕は大好きで、当時は「南部ゴシック」の世界を歌うボビー・ジェントリーのレコードを聴きまくり、大学の卒論のテーマにもフォークナーを選んだりした。

『悪魔のいけにえ』は「田舎が怖いっ！」系のコピー作品を無数に生んだが、テレビでさんざん放映されていた『地獄のモーテル』（八〇年）なども典型例だろう。モーテルの客が次々にソーセージにされるアホ映画だが、あの「人間栽培」のシーンは子ども心にめちゃめちゃ怖かった！　荒野のドライブインに夫婦で立ち寄り、妻がトイレに行って返ってくると夫が忽然《こつぜん》と姿を消している……という『恐怖のレストラン』（七三年）も印象的だ。これはもともとテレビ映画で、製作年は『悪魔のいけにえ』よりも前なのだが、夫が単に行方不明になるのではなく、周囲の村人や警察に「最初からいなかった」ことにされる展開が不気味だった。


しかし「田舎は怖いっ！」の極めつけは、『悪魔のいけにえ』で大成功したトビー・フーパーのハリウッド進出第一作、『悪魔の沼』だと思う。あのホテルのおやじ（ネヴィル・ブランド）の「頭がおかしいにもほどがある！」という狂気も怖いが、それよりもメジャー第一作にこんな『悪魔のいけにえ』以上にカオスな作品を持ってくる監督に対して、「頭がおかしいにもほどがある！」とあきれてしまう。

問答無用の地獄展開の脚本、クセのありすぎる役者たち、予算の大半を使ってしまったらしいスタジオセットのあまりにも異常な雰囲気、途中でカネが足りなくなってただのハリボテになってしまった肝心の「人喰《く》いワニ」のショボさ……。欠点も含めて、もう「すべてが狂ってる」としか言いようがないっ！

COLUMN

テレ東、土曜深夜の無法地帯「日本名作劇場」

『2時のロードショー』のほかに少年期にお世話になったテレビの映画枠といえば、同じくテレ東の土曜日深夜、主に七〇年代の日本映画ばかりを放映していた番組だ。六〇年代末に『土曜邦画劇場』というタイトルでスタートした枠らしいが、その後は『日本映画名作劇場』とか『土曜名画劇場』とか、番組名がコロコロと変わり、僕が毎週見ていた八〇年代なかばのころは、確か『日本名作劇場』という番組名になっていたような気がする。

「名作」「名画」と銘打つからには黒澤明や小津安二郎を連想してしまうが、そこはテレ東である。セレクトされる作品のほとんどが、いたいけな少年の心に一生癒えないトラウマを残すようなものばかりだった。エロいか、グロいか、反社会的か、あるいは実験的な映画しか放映されないのである。もしくはエロくてグロくて反社会的で実験的な映画だけが放映されていたのだ。

自分が幼少期を過ごした六〇～七〇年代は、

COLUMN

「エロ・グロ・ハンレンチ・ナンセンス」なアングラ文化が一世を風靡《ふうび》して「昭和元禄」などとも称されるが、その空気を肌で感じさせてくれたのが『日本名作劇場』だったと思う。独特の空気の匂いだけはなんとなく覚えているが、幼すぎてきちんと体感できていなかった近くて遠い七〇年代を、あらためて追体験させてくれる映画枠だったのだ。

この枠で観た作品をつらつらとランダムに思いだしてみると、まずは七〇年代以降の日活青春映画。毎年夏になるとなぜか青春映画月間みたいな特集が組まれ、そこで初めて観た藤田敏八のやさぐれた青春映画の数々は鮮烈だった。日活映画は「にっかつロマンポルノ」時代の作品も平気で放映していて、榊原玲奈の『桃尻娘　ピンク・ヒップ・ガール』（一九七八年）、石原裕次郎ではなく、蜷川有紀の方の『狂った果実』（八一年）なども青春映画としてセレクトされていた。日活ではなく松竹だが、秋吉久美子演じる過激派の女の子のさまよいを描いた山根城之の『パーマネントブルー 真夏の恋』（七六年）を観たのもこの枠だったと思う。今ではとてもじゃないがテレビ放映など不可能だが、痴漢する若者の青春のどん詰まりを描く『純』（八〇年）も印象的だ。あの作品で初めて知った軍艦島のイメージは強烈だった。

激しい「政治の季節」が過ぎ去った後、いわゆる「シラケ世代」の若者たちの屈折と絶望を描いたような青春映画ばかりがセレクトされ、まとめて放映されていたのだ。

日本アート・シアター・ギルド（ATG）の作品も、多くがこの枠と、フジテレビの深夜に放映された「ミッドナイトアートシアター」（CMなしで完全ノーカットで放映するのが特徴だった）で観たのだと思う。「ミッドナイトアートシアター」では八〇年代以降の作品が多く放映されたが、テレ東の方は森下愛子の『サード』（七八年）など、やはり七〇年代までの泥臭い作品が中心だった。

思えば、鈴木清順の作品に初めて触れたのも、この枠で観た『ツィゴイネルワイゼン』（八〇年）だ。ちょうど内田百閒を夢中で読みはじめたころで、清純流のあまりに自由で勝手気ままな百閒解釈に度肝を抜かれてしまった。ほかに巨匠然とした監督作品としては、なぜか増村保造の作品がやたらと放映された。『セックス・チェック　第二の性』（六八年）や『でんきくらげ』（七〇年）など、あとにも先にもこの枠でしか観ていない映画も多い。

七〇年代東映作品もよく放映されたが、あの時代の東映の露悪的な劇画調タッチは僕ら世代には初めて目にするもので、特に梶芽衣子の『さそり』（七二年〜）シリーズは衝撃的だった。同じく梶芽衣子主演の劇画原作時代劇、こちらは東宝映画だが、『修羅雪姫』（七三年）も放映され、日本の70's クールビューティーを体現した梶芽衣子の魅力を教えてくれたのも「日本名作劇場」だ。

劇画調時代劇といえば、大映の『おんな極悪帖』（七〇年）。「キャハハハハ！」と歓声をあげながら悪虐の限りをつくす「暗黒版あんみつ姫」（？）を演じた安田道代に、呆然《ぼうぜん》としながらもウットリしてしまった。

……こう書いていくと、そのラインナップはまさに「悪意に満ちていた」としか言いようがないが、一七歳かそこらだった僕ら世代にとって、「日本名作劇場」は一番いいタイミングで強力な毒を僕らの若い心に注ぎ込み、「映画にはまだまだ未知の部分がいくらでもあるんだゾ！」ということを教えてくれた貴重な番組だったと思う。

『おんな極悪帖』
（配給：大映／ソフト販売：角川書店）
1970年(日)／監督：池広一夫／
出演：安田道代、田村正和、渡辺岳夫

「心中ごっこ」を繰り返す青春の「疲労感」。

一九八四年ごろの「日本名作劇場」は、夏になると決まって藤田敏八監督作品を数週間にわたって放映していた。ラインナップは『八月の濡れた砂』（七一年）、『修羅雪姫』（七三年）、『赤ちょうちん』（七四年）、『帰らざる日々』（七八年）、『もっとしなやかにもっとしたたかに』

『十八歳、海へ』

（配給：にっかつ／ソフト販売：日活）
1979年(日)／監督：藤田敏八／
出演：永島敏行、森下愛子、小林薫ほか

（七九年）、『一八歳、海へ』（七九年）などだったと思う。

そのころ高校生だった僕にとって藤田敏八監督といえば、中学生のときによく目にした南佳孝の「♪ウォンチュ〜」が流れるテレビＣＭの『スローなブギにしてくれ』（八一年）を撮った人、という程度の知識しかなかった。その後、やはり「日本名作劇場」で放映された『ツィゴイネルワイゼン』（八〇年）で役者としての藤田敏八を先に知って、「妙に印象に残る棒読み芝居をする人だなぁ」と感心したが、『スローなブギにしてくれ』も当時は本編を観《み》ていないし、監督作はまったく知らなかったのだ。

八四年の特集で最初に放映されたのが『十八歳、海へ』で、これを観たときの感動というか、腑《ふ》に落ち方というのか、強烈な親近感みたいなものは本当に新鮮だった。「あっ、これは僕の映画だっ！」と思える作品を発見したうれしさと興奮があった。その時点で五年ほど前の作品で、十代の人間からすると五年も前の映画はかなり古臭く感じる「ひと昔前の映画」なのだが、そこには僕ら世代が抱える、というより、いつの時代でも十代の若者が抱えているであろうモヤモヤ、原因もよくわからないし、たぶん解消しようもないイラつきと絶望と甘ったれた反抗心みたいなものが、ただそのままゴロンと投げだされているような感じがした。

それは、これみよがしの過激さと、とってつけたような問題意識に貫かれた作品も多いアメリカン・ニューシネマや、その後のアメリカ製青春映画ではあまり感じることのなかった親近感だった。無軌道に自由を目指して破滅する若者とか、甘酸っぱかったり苦かったりする日々を越えて少年が大人になるとか、そんなふうに結局はひとごとの「青春」として完結する物語の埒《らち》外に常にある、正体のわからない、どうにもならないし、どうしたいのかもわからないモヤモヤのリアリティー。そこに感応したのだと思う。考えてみれば、それまであまり日本映画を観てこなかった僕にとって、『一八歳、海へ』は初めて本気で惚れ込んでしまった邦画だった。

その翌週だったと思うが、七〇年代の「青春の夏」を描く映画の決定版、『八月の濡れた砂』が放映された。これにも感電するくらいにシビレてしまい、これでもう完全に藤田敏八の信者になって、名画座で彼の作品がかかるたびに律義に観にいくようになった。

七〇年代の藤田敏八の青春映画の魅力は、ひとことでいえば「疲労感」だと思う。青春の「疲労感」。『十八歳、海へ』の主人公たちが遊びとして繰り返す「心中ごっこ」(同時にそれは「心中未遂業」であり、一種の詐欺という「仕事」でもあるのだが)、もてあます青春の「疲労感」をオモチャにしながら、ある種センチメンタルに楽しむ行為だ。なにかを変えるために戦うことも、誰かと愛し合って幸福を目指すことも、もはや「疲労」しすぎていてとっくの昔に不可能だ。そもそも変えたいなにかも、愛すべき誰かも、はなから存在するはずがない。それでもただ生きているだけで勝手に心はイラつき、激しくうずく。そんな若いふたりにも「心中ごっこ」ならできるし、心底楽しめる。

幕切れで、「なぜふたりは本当に死んでしまったのか？」と問う小林薫に、島村佳江は「あのふたりには、このひと夏しかなかった」と、ほとんどなんの意味もない回答をするが、しかし、これはたったひとつの回答であり、あのふたりの青春を説明する言葉など、このミもフタもない、無意味な台詞《せりふ》のほかにはなにもない。

藤田敏八の青春映画には、『八月の濡れた砂』などもそうなのだが、ときおり「あれ？」という瞬間がある。劇映画に突如、ドキュメンタリー風の場面が挿入され、物語の「外側」が映ってしまったような演出が施されるのだ。そのとき、ふっと映画の緊迫感が緩み、妙にのんびりとした時間が流れる。このラストシーンもそうだ。砂浜にいる凧《たこ》を揚げる少年の姿が、象徴だとかなんだとか、そんな小賢《ざか》しい演出意図ではなく、なぜかこのミもフタもない幕切れに、ただ不思議な解放感をもたらしてくれる。

「疲労感」を隠して生きることに慣れた大人、姉役の島村佳江と、彼女を憎悪し、翻弄《ほんろう》しつづける妹の森下愛子の組み合わせが素晴らしい。姉と対峙《たいじ》するときの森下愛子は美しい凶器のようだ。しかし結局、本人たちの意図がどうであろうと、奪って生き残るのは大人の姉の方で、子どもの妹はすべてのゲームに負けてしまう。あとには、ただ「疲労感」だけが残るのである。

そういえば、中上健次を読みはじめたのも、この映画がきっかけだった。テレビ放映を観た翌日の日曜日、さっそく集英社文庫の『十八歳、海へ』を探しにいった。

梶芽衣子が体現した「高度成長期の怨念」。

『女囚さそり 第41雑居房』

（配給：東映／ソフト販売：東映ビデオ）
1972年(日)／監督：伊藤俊也／出演：梶芽衣子、白石加代子、渡辺文雄ほか

「日本名作劇場」で初めて目にして驚愕《きょうがく》して以来、当時のレンタルビデオ時代から、現在のDVD時代に至るまで、僕が一種の「中毒」のように何度となく観《み》つづけているのが『女囚さそり』シリーズである。人生には「さそり的なもの」、あるいは「梶芽衣子的なもの」を体内に補給しなければ「やってられねぇーよ！」となってしまうときが何度となくあるものなのだ。

「日本名作劇場」で最初に放映されたのは、なぜか第二作の『第41雑居房』だったと思う。僕はこの作品が伊藤俊也が手がけた三本のなかで一番好きだ（ちなみに、長谷部安春の四作目や、以降のリメイクにはほとんど興味がない）。

一作目の『女囚701号』（一九七二年）も傑作だが、この「さそり」はまだなんだか存在が定まらず、ちょっと弱さがあると思う。悪役の横山リエは非常に魅力的だが、あまりに可憐《かれん》すぎてやっぱり弱い。非常に陰惨な設定の三作目『けもの部屋』（七三年）も大好きなのだが、「さそり」にしてはちょっとお人よしで、若干おせっかいな言動が気になる（いや、この作品はその叙情性がまたいいのだが）。完璧なのが、やはり『第41雑居房』なのだ。「さそり」の寡黙な人物像は、もともと梶芽衣子自身が監督に「しゃべらないでやりたい」と提案し、自分で脚本の台詞《せりふ》を極限まで削ってしまったことから誕生したという。『第41雑居房』は、この「寡黙」が徹底している。なにしろ囁《ささや》くようにつぶやかれる「みんな死んでるよ……」と「アタシを売ったね？」のふたことしか台詞がないのだ！　このことによって研ぎ澄まされるのが、あらゆる弱者の怨念をその華奢《きゃしゃ》な体に封じ込めた梶芽衣子の「世界一美しい死神」ぶりだ。対するのは希代の「怪女優」、白石加代子！　もう文句なしの至福の決闘であるっ！

何度観てもハッとしてしまうのが、凄《すさ》まじい対決を終えた「さそり」がフラフラと海辺に出ると、突如、海の向こうに東京の町並みが見える場面。このあまりに凄惨《せいさん》で、時代や場所の感覚を麻痺させる荒唐無稽な「地獄めぐり」の最後、場違いに現れる見慣れた東京タワーなどの都会の光景には、なぜか「え？」という違和感とともに、急に夢から覚めたような不思議な幸福感がある。そして、このときの梶芽衣子だ。ロケの合間のオフショットを使ったのかと思うくらい、あの彼女は演技を放棄している。足取りもぎこちなく、ほんの少し微笑《ほほえ》みさえも浮かべ、もはや「さそり」であることをやめて、「ただの小娘」に戻って悪夢から現実世界へと帰ってゆく。偶然なのか意図的なのか知らないが、映画ならではの特別な瞬間だと思う。

「皆様方よ、今に見ておれで御座居ますよ。」

『丑三つの村』

(配給:富士映画/ソフト販売:松竹)
1983年(日)/監督:田中登/出演:古尾谷雅人、田中美佐子、大場久美子ほか

何年か前、この映画はテレビで放映されたことはあったのか?……ということがネットなどで議論になっていた。「ない!」という意見が優勢だったと思う。本作は公開時に映倫から「あまりに非道で残虐的!」と指摘されて成人指定を喰《く》らい、後に発売されたビデオもあくまで18禁。そのビデオも廃盤になって、ようやく二〇〇九年に「R−15」指定のDVDが出るまでは、長らく幻の作品だった。いわくつきの「有害映画」であり、そんなものがテレビの地上波で流れるわけがない!……とされていたのだ。

しかし、『丑三つの村』は間違いなくテレビで一度だけ放映されている。八〇年代なかばから後半のどこかで(たぶん八六年前後だと思う)、土曜深夜の「日本名作劇場」の枠で僕は一度だけ観《み》ているのだ。そのことははっきりと覚えている。というか、こんなものを観せられて「忘れろ」というほうが無理な話だ。

「テレビ放映などあるはずがない」と断定する

人たちの主張ももっともで、僕も観ながら「おいおい、こんなのをテレビで流していいのかよ!」と狼狽《ろうばい》しまくった。テーマは「津山三〇人殺し」。日本の犯罪史上、前代未聞の大量殺人事件だ。この事件は横溝正史の『八つ墓村』のモチーフにもなっているが、本作は原作の西村望のノンフィクション小説に基づき、事件そのものを克明に追っていく。しかも、「殺す側」の視点から、なぜ「神童」と呼ばれたインテリの若者が「村人皆殺し」を企てたのか、そして、その「皆殺し」はどのような手段とプロセスで行われたのか……を描いていくのだ。「犯罪映画」であると同時に、ひとりの若者が未曽有の凶行に全存在を賭して果てるまでを綴《つづ》った、恐ろしく絶望的で狂気に満ちた「青春映画」だ。

このあまりに重い作品に対して、ちょっとアホな感想を書かせてもらう。僕は小学生時代、「♪アーイエ、オーイエ」(「スプリング・サンバ」ね)の大場久美子の大ファンだった。そんなことをすっかり忘れていた高校生時代に本作を観て、「心やさしい村の女」として登場する大場久美子の姿に「うわぁ、懐かしいなぁ! ぜんぜん変わってないなぁ!」などとシミジミしてしまったのだ。しかし、あろうことか彼女は主人公が「肺病やみ」であることを知った途端に病人差別側にまわる最低女で、しまいには口に猟銃を突っ込まれて頭を吹き飛ばされてしまうのである!

いや、今は冗談めかして書いているが、この「コメットさん」の最低最悪の最期を目にしたときは、本当に慄然《りつぜん》としてしまったのだ。小学生時代の思いでが粉々に吹き飛んだ気がした。

80年代
「過激幻想」のテイタラク。

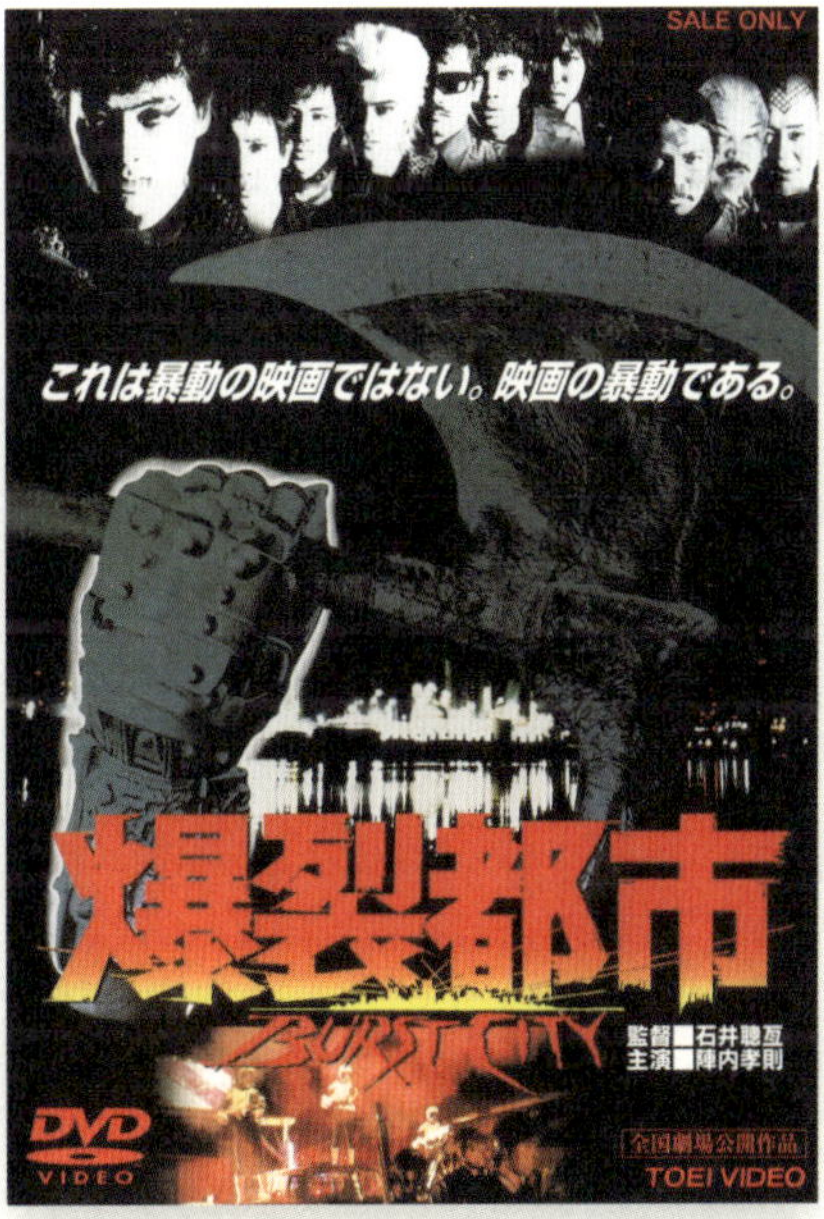

『爆裂都市 BURST CITY』

（配給：東映セントラルフィルム／ソフト販売：東映）
1982年(日)／監督：石井聰亙／出演：ザ・ロッカーズ、
ザ・ルースターズ、スターリンほか

お気楽で陽気で健康的でリッチで物質主義的なイメージのある八〇年代は、一方でそうした風潮と鋭く対立するような「過激」な側面もあって、特に音楽と映画と演劇の分野で六〇年代のアングラ文化的なものの復権みたいな動きが目立っていた。一番顕著だったのがやはりロック市場で、スターリンやじゃがたらなど、いわゆるメジャーなレコード会社と契約していない先鋭的なバンドの「過激」なパフォーマンスが世間を騒がせ、「インディーズ」シーンが一気に活況を呈した。その初期の熱量は本当に凄《すさ》まじくて、僕のように素直なロック少年たちは「もうメジャーなレコード会社の商業的なロックなど全滅する！」と本気で思っていた。それぞれの個人がメチャクチャやりまくるだけの完全に自由でアナーキーな市場が確立するのだと、勝手にワクワクしていたのだ。

それはまぁ、当然ながら大勘違いで、戦略のないままエスカレートする「過激合戦」はズブズブと自滅していき、数年後にはメジャー資本にあっさりと回収されていった。それはパンクや先行する英国の「インディーズ」シーンなど、ロック史のなかで何度も繰り返されてきた「負け戦」の再現でしかなかったわけである。

「インディーズ」ブームの全盛期、各地のライブハウスは文字通り「血の海」だった。スターリンの遠藤ミチロウはブタの内臓を客にぶちまけ、じゃがたらの江戸アケミはヘビを生きたまま真っぷたつに引き裂き、カミソリで自らの肉体を切り裂いて、クリナメンの泯比沙子は昆虫をむさぼり喰《く》ってみせた。チェーンソーをふりまわしたり、ガラス板やコンクリートブロックを客席に投げつけるハナタラシのライブでは、客は「ケガをしても絶対に文句は言いません！」という誓約書にサインをしなければならなかった。「どこまで本当の狂気と犯罪に近づけるか？」を競う単純なチキンレース。それが八〇年代「インディーズ」シーンの実態だったと思う。

思いだすのも馬鹿馬鹿しいが、あのころのロック雑誌では、よく「ライブでの動物虐待は許されるのか?」という論争が行われていた。ネコやウサギをステージで「生贄《いけにえ》」にするパフォーマンスが流行していたのだ。僕らはもうそのころから状況にウンザリしはじめていた。やらかすバンドも、その行為に「モラル」やら「生命の尊厳」をふりかざして目くじらを立てる連中も、そうした論争を大仰なタイトルで掲載する雑誌も、みんなまとめて「お前ら、アホか!」だった。カルチャーとして底が抜けていた。シーン全体がアホの温床に成り果てていたのだ。

こうした「過激合戦」の口火を切った先駆者だったじゃがたらとスターリンは、「インディーズ」がブーム化した途端、その熱狂にさっさと背を向けてストイックに「音」に取り組みはじめた。彼らには最初の段階から行き着く果てが見えていたのだろう。過激でありつづけるためには、同時代に正しくイラつく「知性」というものが必要なのだと、つくづく思う。

そんな「過激な八〇年代」の雰囲気は、当時の日本映画でも味わうことができる。八〇年に石井聰亙が撮った『狂い咲きサンダーロード』(微笑《ほほ》ましい映画である)からはじまり、八〇年代後半の『ゆきゆきて、神軍』(八七年。マジで青ざめてしまう)、『追悼のざわめき』(八八年。ただのゴミだと思う)などまで伝説的に語られる作品はたくさんあるが、めんどくさいのが『爆裂都市 BURST CITY』なのである。

今の若い世代には「とにかくヤバい映画」という形で語り継がれているらしく、あの時代を知らないで観《み》ればそんなふうにも思えるのかもしれないが、リアルタイムでは中学生にまで失笑を買いまくったアホ映画だったのだ。

活況を呈していた「インディーズ」シーンのバンド総出演の大作、しかもスターリンに町田町蔵、ルースターズも出演するということで、当時の僕は本気で期待したが、オープニングを観た途端に飲んでいたメロンソーダを吹きだしそうになってしまった。荒廃した街のライブハウスでバンドが踏みつけるポスターがビートルズ……って、なんじゃそりゃ？

せめてそこはセックスピストルズにしとけ！と思うが、それでもその幼稚なわかりやすさは失笑を買うだろう。パンクの否定どころか、今さらビートルズの否定からはじめるのかよ？と、リアルタイムのロックをまともに聴いているヤツなら誰もがあそこで唖然《あぜん》としたのだ。

このオープニングは本当に象徴的で、要するに本作はロックどうこうより、「商売」としてのわかりやすさを優先してしまったフヌケ映画だ。冒頭がこれだから万事がこの調子。ルースターズとスターリンがいるのに、アイドル的な模造バンドだったロッカーズが主役としてプッシュされているのも、カネに転んだだけの「商売」だからである。しかも、この「商売」は「商売」としても失敗し、その当時、マトモなロック雑誌からは黙殺されるかギャグにされ、出演していた遠藤ミチロウと泉谷しげるまでが監督の姿勢や現場の醜態を笑い話にしていた。

もちろん、若い世代に「つまんないから観るな！」などと言うつもりはないし、いや、たぶん今観るときっとおもしろいのだ。確かにあの時代のニセモノの「過激さ」という独特の空気が体感できるし、フィクションとしてであれ、往年のスターリンのパフォーマンスが一応は記録されているし、なんといってもルースターズの大江慎也が正気だったころ……じゃなかった、まだ健康で元気だったころの陽気な芝居が堪能できて、本当に貴重な映画だと思う。

それに僕は石井聰亙は嫌いではない。「数学できんが、なんで悪いとや!」の『高校大パニック』(七八年)にはワクワクしたし、前作の『狂い咲きサンダーロード』の清々《すがすが》しさ、戦略抜きで完全丸裸の素手でケンカを売るような作風には喝采を送ったクチなのだ。ただ、今のメディアでねじまげられて伝えられる「八〇年代伝説」は、くれぐれも鵜《う》呑《の》みにしないほうがいいよ、という話である。

僕は本作を早稲田松竹で観たが、そのとき、ホームレスらしきおじさんが前の席でワンカップを飲みながらタバコを吸っていた(昔の映画館にはこういう人がよくいたのだ)。映画の後半、彼はとうとう我慢できなくなったらしく、スクリーンに向かって「ちぇっ、くだらねぇっ!」と野次を飛ばしたのだ。映画よりも、そのおじさんの独り言のほうが「パンク」だった。

*この原稿をとっくに印刷屋に入れて、平成が令和に変わった五月一日未明、遠藤ミチロウが死去していたことが発表された。「いい人だった」という死人につきもののお為ごかしで、八〇年代の彼がぶちまけた悪意と憎悪が浄化されませんように。あの頃のミチロウは本当に「この世をドブにするため」だけに叫んでいた。

「80年代少女」たちのタイトロープ。

**『BLOW THE NIGHT!
夜をぶっとばせ』**

（配給：ジョイパックフィルム／ソフト販売：ハピネット）
1983年(日)／監督：曽根中生／出演：高田奈美江、
可愛かずみ、小松由佳ほか

曽根中生という監督はなんだかよくわからない人で、七〇年代なかばに主にロマンポルノの分野に「怪作」ともいえる極めて特異な作品群を残し、さらに『嗚呼!!花の応援団』シリーズなどをヒットさせたりもしたが、八〇年代後半に映画界から忽然《こつぜん》と姿を消し、ほとんど行方不明状態になってしまう。「失踪した」とか「死んだ」とかいう噂《うわさ》もアレコレ出たが、二〇一一年にヒョッコリとメディアに再登場。驚く周囲に対して「ヒラメの養殖をしていた」とか「ナントカ燃料の開発をしていた」とか、なんだかよくわからないことを言ってるなと思っていたら、一四年に七六歳でサッサと亡くなってしまった。なにがなんだか本当によくわからない。

僕は曽根監督の映画は『不連続殺人事件』（七七年）以降の数本しか観《み》ていなかった。ずっと「なんだかよくわからない人だなぁ」と思っていたので、亡くなった年に行われた渋谷シネマヴェーラの追悼特集に通って彼の作品をまとめて観たが、やっぱりなんだかよくわからなかった。特集で観た映画はどれもおもしろかったが、しかし、どの作品も殴り書きのような投げやりなタッチで、誰かをおもしろがらせるつもりなどサラサラないらしい。映画から「どうでもいいよ」と言われている気分になる。それが魅力的だった。道端に落ちていたクシャクシャの紙切れを拾って、広げてみたらおもしろいことが書いてあった。曽根中生の映画のおもしろさは、そういう種類のものだと思う。

僕ら世代にとって、曽根中生といえば『夜をぶっとばせ』だ。鮮烈な作品だった。観たのは高校生のときだったが、僕ら世代が中学生として過ごしたツッパリ文化全盛時代、「校内暴力」という言葉が一種の流行語になっていた荒れた時代の空気がそのまま封じ込められていた。

当時、ツッパリやスケ番は「社会問題」であると同時にトレンドで、多くのテレビドラマや映画が扱った。だが、この作品ほどあのころの「感じ」が生々しく記録された例はないと思う。

『夜をぶっとばせ』は、不思議な構造を持つ映画だ。ある種の二部構成になっていて、ひとつは群馬県（前橋付近）の「不良中学生」である「高田奈美恵」の日常を、八二年の冬から約一年間にわたって淡々と追っていくパート。もうひとつは、「奈美恵」とはまったく違うタイプの東京の「不良少女」である「理佳子」（可愛かずみ）の一日（八二年一一月一八日）の行動（田園調布から渋谷、原宿へ出て、さらに夜の新宿をうろつく）を追うパート。ふたりの少女の一年と一日を交互に描き、「奈美恵」と「理佳子」は作中ではいっさい出会わない。

ふたつの「時間」はほぼ無関係に進行するが、徐々に「奈美江」側の時間が「理佳子」の時間に追いついていき、「一一月一九日未明」の一点でピタリと重なる。その交差の瞬間、日常描写を切り裂くような一瞬の「凶事」が起こり、そこで映画はプツリと終わってしまう。

「校内暴力時代」を体現するように荒れまくり、すさみまくる「奈美恵」と、もっとクレバーで、おそらくときに「いい子」を装いながら「うまくやってる」という自負もある「理佳子」。ふたりの物語の結節点となるのが、「奈美江」の妹「奈津子」だ。彼女は年端のいかぬ「子ども」でしかなく、無垢《むく》な「普通の女の子」として後半に至るまで常に作品の隅に置かれる。

ところが、彼女は「覚醒」してしまう。ノートに綴《つづ》られた「自分の欲しいものは積極的に手に入れなければならないのだ　byなつこ」という「決意表明」。この赤面するほど幼稚で、安っぽく、嘘っぽく、ロマンチックな「覚醒」にこそ、あのころの僕らが肌で感じていた「八〇年代少女」のリアルがある。この軽すぎる「たわごと」がトリガーとなって、淡々と冷たく進行していた映画は突如暴走し、狂いはじめる。

「奈美江」「理佳子」「奈津子」。三者三様の命がけの綱渡りをする危うい「八〇年代少女」たちの姿は、あのころの僕らの近くにいたあの子やこの子の姿そのままだ。八〇年代は、確かにそういう時代だった。「どういう時代だったのか?」と聞かれても明確には答えられないし、その「感じ」は、たいていの場合、映画や小説などの物語の隙間からすべてこぼれ落ちてしまう。しかし、『夜をぶっとばせ』には、八〇年代という時代の語りにくいヤバさが、特に女の子たち、「不良少女」とか「ぶりっ子」とか「普通の子」と言われたりもしていた「八〇年代少女」たちが一様に抱え込んでいたヒリヒリするようなヤバさが、なぜかまるごと記録されてしまっている。なぜこの映画だけにそんなことができたのか、それは何度観返してみても、やはり曽根監督の生涯のように「なんだかよくわからない」。

まだ無名だったころのストリートスライダーズの演奏、ヌメヌメとギラつき、むせ返るような色気と悪意を発散させていたあのバンドの「本当の姿」が記録されているという意味でも、この映画は「記録映画」なのだと思う。

誰も見たことのなかった
「21世紀」。

『ブレードランナー』
Blade Runner

（配給：ワーナー・ブラザース／
ソフト販売：ワーナー・ホーム・ビデオ）
1982年（米）／監督：リドリー・スコット／
出演：ハリソン・フォード、ルトガー・ハウアー、
ショーン・ヤングほか

今さらなにをどう書いていいのかわからない映画の一本である。世界中に「信者」が存在するカルト的名作だが、どうも僕はこの作品が苦手だったのだ、というか、この作品をとりまく当時の状況が苦手だった。あの八〇年代なかばならではの特殊な状況は説明するのが非常にめ

んどくさいが、たぶん僕と同じように「アンチ・ブレラン」だった人は意外に多いのではないかとも思う。

『ブレードランナー』の公開は一九八二年だが、よく語られるように、その時点ではほとんど黙殺されたも同然の超マイナー映画だった。

八二年といえばレンタルビデオ店が各地に登場しはじめたころで、このレンタルビデオという映画の新しい鑑賞形態を通じて、一部の映画ファンの間で「ブレラン人気」は急速に高まり、八四年ごろにはひとつの巨大な「現象」にまで発展する。細部まで凝りまくったセットやトリビア的な要素など、非常に情報量が多く、そのわりには設定の説明などは極力排されている『ブレードランナー』は、ビデオによって何度も観《み》返してみると、そのたびに新たなネタを発見できるような映画だった。そうした「ビデオ時代」のマニアックな鑑賞に対応した作品であることと、独特の「没入感」、観た者同士がそれぞれの「ブレラン論」を語り合える「ほどよいわかりにくさ」のようなものによって、「誰もが観ている カルト映画」という、ちょっと不思議な位置の作品になっていったのだと思う。

当時、僕は相変わらずのボンクラロック少年だったが、同時に演劇をやりはじめていて、劇団で脚本を書きつつ、あちこちの小劇場に通っていた。で、このロックと演劇のふたつの領域が、当時は完全に『ブレードランナー』によって支配されてしまっていた。どちらも「ブレラン的なもの」だらけになっていたのだ。

この当時の「ブレラン」の影響力の凄《すさ》まじさ

はいちいち書いてみてもキリがないのだが、大雑把《ざっぱ》に言えば、どの劇場へいっても「人間が阻害される近未来の退廃」みたいなものを見せられたし、公演のチラシは急速に整備されつつあった当時の臨海副都心などの「未来的な都市の風景」を使ったデザインばかりになったし、ロック雑誌を開けば音楽評論家が熱く「ブレラン論」を語っていたし、さまざまなミュージシャンが「ブレラン」に触発した作品を次から次へと発表していた。

こうした傾向はロックと演劇に限ったことではなく、八〇年代なかばのあらゆるサブカルチャーの中心に『ブレードランナー』があった。さらに「ブレラン」が特殊だったのは、単にマニアックなサブカル少年少女たちのバイブル的な作品になっていただけでなく、「南青山感」(笑)に満ちた「オシャレなもの」ともされていたことである。当時、トレンドとしてもてはやされたカフェバーには、「ブレラン」がかけっぱなしになっているモニターがつきもので、イケてるインテリアの一部のようなものとしても捉えられていた。揚げ句に渋谷や新宿など、現実の都市の景観にも大きな影響を与え、今のように東京の街が広告用モニターだらけになってしまった「元凶」も、この映画で描かれた二〇一九年のロサンゼルスにあるとされている。

当時の僕は、こういう「ブレランだらけ」の状況にちょっと食傷気味で、「いい加減にしてほしいよなぁ」と辟易《へきえき》していた。周囲にはもちろん「ブレラン信者」も多かったが、同時に僕と同じく「ブレランはもういいよ!」とウンザリしている連中もやはり多かった。しかも、この

「ブレラン現象」はかなり長期にわたって続いたのだ。記憶では八七年くらいまで「ブレランだらけ」だったように思う。遠藤ミチロウまでが「ブレードランナー」というモロな曲を発表したとき（八六年）には、「もうカンベンしてくれよ！」とあきれ返ったものだ。

とはいうものの、僕も初めて『ブレードランナー』を観たときはビックリしたし、やっぱりビデオで何度も観返して率先して「没入」したクチなのである。

『ブレードランナー』はある意味ではカラッポの映画で、プロットは単に古典的なハードボイルドの「雰囲気」だけを再現した図式があるだけだし、テーマ的にも「人間と人形の境界」という、それこそ超古典的なＳＦの主題を持ってきて「なんとなく深そう」に処理しただけだと思う。しかし、あの未来感、いや、「感」ではなく、具体的に目で見えるものとして再現された近未来の街の光景は、確かに「発明」だった。「素晴らしい二一世紀」でもなく、「恐ろしいディストピア」でもなく、「人類滅亡」でもなく、「ただ〝今〟がそのまま続いていった先」の絶望と疲労感に満ちた未来の風景は、あの時点では本当に新しかった。「立ち枯れていく文明」というものを、あれを観るまでは僕らは思い描いたことがなかった気がする。

カラッポの紙コップのなかに「本物の未来」が入っている。僕にとって『ブレードランナー』は、そんな映画だった。

全裸の「超絶美女宇宙人」への戸惑い

『スペースバンパイア』
Lifeforce

（配給：日本ヘラルド映画／ソフト販売：20世紀フォックス・ホームエンターテイメント・ジャパン）
1985年（英）／監督：トビー・フーパー／
出演：マチルダ・メイ、スティーヴ・レイルズバック、ピーター・ファースほか

先述の『悪魔のいけにえ』の解説で「なにを観《み》ているのかよくわからなくなってくる」と書いたが、トビー・フーパーという監督の映画はだいたい「なにを観ているのかよくわからなくなってくる」ものが多く、ときにはかなり混乱させられることもあって、そこもまた魅力だと思う。スピルバーグの下働きみたいになってしまった『ポルターガイスト』はちょっと別格だが、ほどよい感じで「混乱」している作品としては、たとえば僕が大好きな『ファンハウス／惨劇の館』（一九八一年）。途中でどこに連れていかれるかわからなくなる幻惑感があって妙に怖いし、『スポンティニアス・コンバッション／人体自然発火』（九一年）なども「ケッタイなことを考えるなぁ」という感じが楽しい。『ゴジラ』から着想を得たという作品がこんな映画になるとは、やはりい

かにもフーパーらしい。

一方で、「なんでこうなっちゃうの？」とあきれることもあって、さすがに『悪魔のいけにえ2』（八六年）を最初に観たときは開いた口がふさがらなかった。「ふざけんな！」と当初は思ったが、しかし、なぜか二度目に観るとおもしろいのだ。結局、「なんでこうなっちゃうの？」と戸惑わせる部分こそが魅力になっていて、そこを何度でも観たくなってしまう。

『スペースバンパイア』も予告を観て「なにがしたいんだよ？」と首を傾《かし》げた。全裸の超絶美女宇宙人が人を殺しまくるだけの映画らしいが、まさかそれだけじゃないだろうと思って観にいったら、本当に「全裸の超絶美女宇宙人が人を殺しまくる」だけの映画だった。怖くしたいのかエロくしたいのかまったくわからない。しかも、めちゃめちゃ予算をかけた無駄にスゴいSFXが目白押し。さらに音楽は巨匠ヘンリー・マンシーニで、このテーマ曲が無駄にカッコいい。どういう顔で観ればいいのかまったくわからなかった。しかし、その「どういう顔で観ればいいのかわからない」という感じがクセになり、やはり何度も観てしまう。いわゆるB級バカ映画とも違うし、マリオ・バーヴァやルチオ・フルチの狂気に満ちたクラクラ感とも違って、フーパー映画独特の「楽しい混乱」（？）みたいなものがあるのだ。

遺作の『悪魔の起源 ジン』（一三年）は、今のところ僕にはまったくピンとこない映画なのだが、これもそのうちに観なおすと癖になってしまうのかもしれない。

ポップでリリカルな「80年代の至宝」!

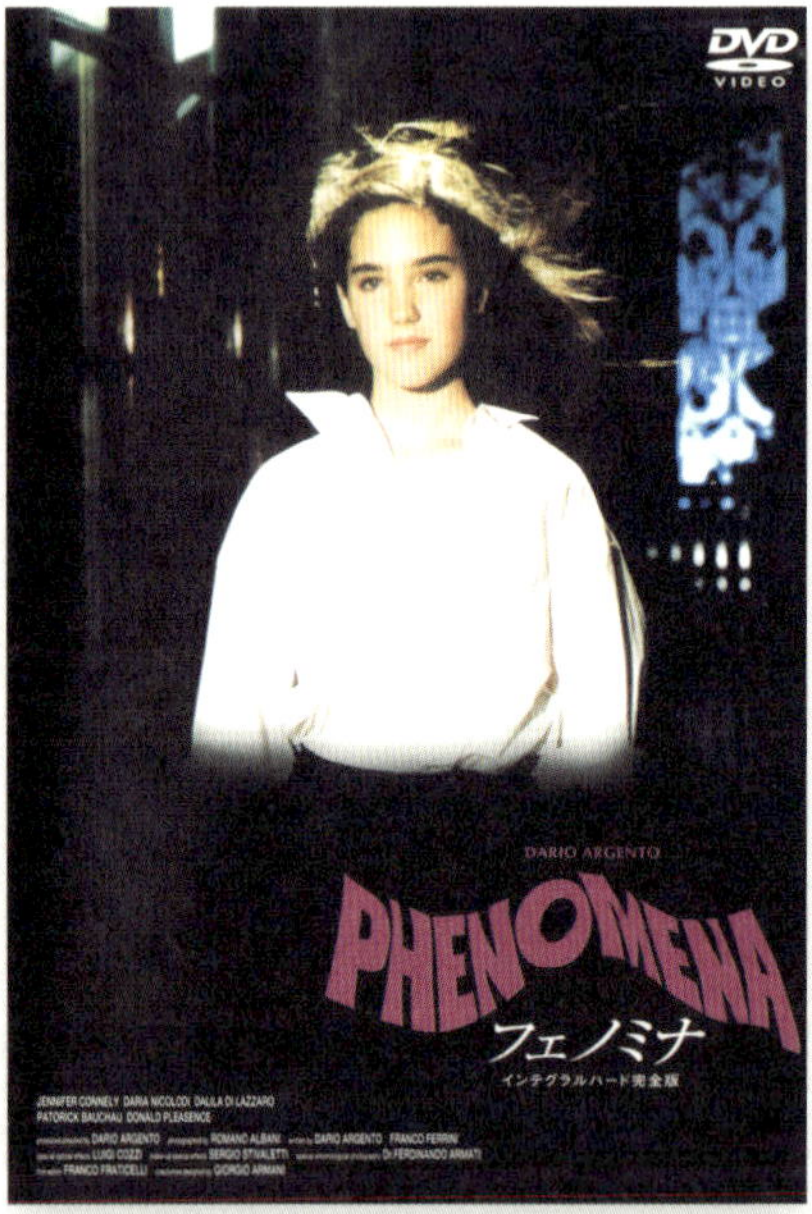

『フェノミナ』
Phenomena

（配給：ジョイパックフィルム／ソフト販売：ハピネット）
1985年（伊）／監督：ダリオ・アルジェント／
出演：ジェニファー・コネリー、ダリア・ニコロディ、
ドナルド・プレザンスほか

映画好きの知人とよく「ダリオ・アルジェントはいつからダメになったのか？」という話をする。この話をするたびに結論はコロコロと変わるし、ときには「『ドラキュラ3D』（二〇一二年）にさえよい場面はあった」ということになって、「アルジェントは今もダメになってない！」

という結論に達したりもするんだけど、しかし本音を言えば、僕はアルジェントが愛娘アーシア・アルジェントを起用してから、やっぱり「ダメになった」と思っている。

アーシアは好きな女優だが、彼女が主演した作品を撮っているときのアルジェントは混乱している。いや、もともと混乱した監督なのだが、彼女を撮っているときの彼は精彩を欠いているのだ。どうもつまらないし、イライラしているように見えるし、トンチンカンなのである。彼女主演の『トラウマ／鮮血の叫び』（九三年）以降、アルジェントは彼ならではの映画への情熱を、少しずつ失ってしまったようにも思う。

これが僕の持論だが、アルジェント中毒患者の多くは言うのだ。本気でアルジェントを愛している人ほど、こう言うのである。「『フェノミナ』を撮った時点で、もうアルジェントはダメになっていた」と！「あの作品から決定的にダサくなった」と！

それは僕にも痛いほどわかるのだ。ヒットはしたものの、ファンの評判は賛否両論、批評家筋からはかなりキツく批判され、それでスネてしまったアルジェントは一時期演出から手を引き、脚本とプロデュース業に専念した。監督に復帰した『オペラ座／血の喝采』（八七年）でも主演のクリスティナ・マルシラックと撮影中にもめまくり、そこから自分の娘アーシアを主演に起用することが多くなった。一方では「最高傑作！」と言われることも多い『フェノミナ』は、確かにキャリアの分岐点となるような、「ダメのはじまり」の時期に位置づけられる作品なのだ。そう、パートナーだったダリア・ニコロディが「もうアルジェントとは一緒に仕事はしない」と決別を決意するのも、この作品がきっかけだった（その後も一緒に仕事はしてるけど）。やっぱり『フェノミナ』は「鬼門」なのか？

しかし、それでも僕は思うのである。「ふ・ざ・け・ん・なっ！」と。『フェノミナ』は『サスペリア』に次ぐ奇跡の傑作で、ある部分では『サスペリア』以上に美しい。しょーもなかった八〇年代という時代が残した至宝のような作品だ。これを「ダサい」というヤツは、八〇年代という時代を根本的には理解していないのだと思う。ここになにかしら「ダメ」の分岐点があるとするなら、それは『フェノミナ』という作品やアルジェントの問題ではなく、八〇年代のカルチャー全般の問題なのだ。

『フェノミナ』は「風」の映画である。

僕ら世代が小学生時代にオカルト本で読んだ「アルプス地方に吹く人を狂わせる悪魔の風」だ。フェーン現象による特異な熱風が人の精神を狂わせ、ときに温和な人を「殺人鬼」に変えてしまうこともあるという。かくして、美しいチューリッヒの街に凶事が続発する。

冒頭、アルプス地方の美しい大自然を背景に、バスに乗り遅れてしまった観光客の少女が途方に暮れるオープニングは、「まさにアルジェント！」としか言いようのない見事な場面だ。惨劇の舞台には不釣り合いな真っ昼間の緑の草原、豊かな森、雪を抱いたアルプスの山々……。しかし、そこに風が吹くと、途端に風景は不吉で禍々《まがまが》しいアルジェント的な「地獄」に変貌する。

広大で開放的な大自然が、まるごと逃げ場のない巨大な「密室」に変わってしまう。ビル・ワイマンが手がけた牧歌的なのに不穏……といった異様な音楽も素晴らしい。

こうしてはじまった得体の知れない怪事件に引き寄せられてしまうのが、「世紀の美少女」の前評判も高かったジェニファー・コネリーである。彼女のデビューは、アルジェントの大師匠であるセルジオ・レオーネの『ワンス・アポン・ア・タイム・イン・アメリカ』(八四年)。あの作品で彼女演じる「デボラ」がバレエを踊る短いシーンを観《み》た僕らは、それを覗《のぞ》き見していた少年たちとまったく同じように、「この世にこんな美しいものがあるのか!」と呆然《ぼうぜん》としたが、アルジェントもレオーネ作品のオーディションフィルムを見てジェニファーの起用を決定したという。師匠の作品で世界にお披露目された彼女だが、主演デビューは弟子の彼が手がけることになったわけだ。このとき、アルジェントはレオーネに敬意を払いつつも、こう思ったに違いない。「師匠以上に美しく彼女を撮ってやる!」と(たぶんだけど)。いや、ジェニファー・コネリーはどこからどう撮っても絵になってしまうのだが、しかし、それは女優としての不幸でもあり、当時よく比較されたブルック・シールズ同様、ある意味では「使いにくい女優」でもあったと思う。しかし、アルジェントは見事にやってのける。画面にハマりにくい超絶美少女ゆえの違和感すらも逆手に取って、ジェニファーの魅力を作品全体に拡散させることで、『フェノミナ』をほかのアルジェント映画のどれとも違ったファンタジックでロマンチックでリリカルな映画にしたのだ（もちろん、強烈にグロテスクでもあるのだが）。

ジェニファーが学友たちから「バケモノ！」といじめられ、「超能力」で虫の大群を呼んでしまう場面。『キャリー』（七七年）や『炎の少女チャーリー』（八四年）などの「超能力少女ホラー」にはよくあるシチュエーションだが（主人公に「超能力」が与えられている時点でアルジェント映画のヒロインとしては「特別待遇」である）、なぜかこのときに「悪魔の風」とはまったく別種の爽やかな「風」が吹き、彼女の髪はあまりにも美しくなびいて、おまけに特別な白い照明があたり、カメラは彼女にゆっくりと近づいて顔をアップで捉える。そしてジェニファーは、瞳に涙をためた顔で微笑《ほほ》みながら、アルジェント映画ではついぞ聞いたことのない場違いな台詞《せりふ》を唐突に口にするのだ。

「私はみんなを愛しているわ。本当よ。みんなが大好きよ……」

まるで日本の少女マンガかアニメだ。というか、ほとんどジブリ映画だ。「なんじゃ、こりゃ？」と思いながら、こちらも気がつくとジェニファーと同じように涙を流している。

アルジェントが、これほど主演女優に肩入れしたシーンを撮ったことがあるだろうか？　後にも先にもないはずだ。彼の映画の主人公の少女たちは（いや、男たちも）、ほとんど常に「わけがわからない」。『サスペリア』の「スージー」を筆頭に、誰もがなにを考えているのかよくわからなかった。それは彼が観客の感情移入を排し、主人公たちの喜怒哀楽に同調しながら映画を観ることを禁じてきたからだ。アルジェント映画特有の「どこへ連れていかれるかわからない」という「不安」は、いつもこの客を突き放す感情移入不能性から生まれる。しかし、ここでのアルジェントは、この法則を手放してしまっている。作品をまるごとジェニファーに手渡し、彼女が完全に映画を支配してしまっているのだ。ここに本作ならではの特別な感動がある。それは、変な言い方だが、「なんだか普通の映画みたい！」という新鮮な感動だ。ここでのジェニファーは、アルジェント映画には登場を禁じられていたはずの「普通のヒロイン」の称号を与えられているのである。

ジェニファー・コネリーも、このアルジェントの「特別待遇」に体を張って見事に応えた。蜂や蠅《はえ》やウジ虫と戯れ、「アリスのウサギの穴」を這《は》いまわり、汚物と屍肉《しにく》のプールに突き落とされ、文字通り「火の海」を泳ぐ。僕の知る限り、今まで公開されてきた『フェノミナ』のフッテージなどで、ジェニファー・コネリーは本作にはほとんどコメントしていない。彼女にとっては「思いだしたくもない作品」なのかもしれないが、彼女のキャリアにおいて、これほど映画そのものと奇跡的な「相思相愛」の関係を築けたことは一度もないと思うのだが……。

もうひとつ、この映画が「ダサい」とされてしまう大きな要因がある。アルジェント映画ではいつも重要な役割を担う音楽だ。おなじみのクラウディオ・シモネッティが手がけたテーマは、恥ずかしいほどに八〇年代的だ。ゲートリバーブかかりまくりのドラムに、さらに「よせばいいのに」と思わざるを得ないシンセドラムの安い音がドコドコと鳴り響いて、そこにソプラノの主旋律が乗っかるというもので、「当時の頭の悪いヨーロッパ人がつくったプログレとへヴィメタのダメなところをぜんぶ入れときました」みたいな楽曲である。当初はアルジェントさえも戸惑ったという。が、作品を観てしまうと、結局のところ、この音楽以外はあり得ないのだ。ほかにどんな音がある？　音楽が鳴りはじめるちょっと変なタイミングも含めて、これで「完璧！」なのである。あのアイアンメイデンの「フラッシュ・オブ・ザ・ブレイド」が轟《ごう》音《おん》で鳴らされる惨殺シーンでさえ、何度観ても「冗談だろ？」とあきれつつ、やっぱり「完璧！」としか言いようがない（思考停止）。

本作は、あまりにもモロに当時の「ＭＴＶ」の影響を喰《く》らっている。それが『フェノミナ』を八〇年代的なものに、アルジェントらしからぬポップな作品に、そして見方によっては「ダサい」映画にしているのだが、その「ＭＴＶ感」が奇跡の効果を発揮しているのが、あのジェニファーの夢遊病シーンだろう。ここでも見事に馬鹿っぽくて大仰な「スリープウォーキング」という曲がかかって、八〇年代的なミュージックビデオでよく見かけた安っぽい映像、「扉のたくさんある白い廊下」をジェニファーが幻視する。「うわぁ、ダサい！」とあきれてしまうが、この場面のドライブ感というか、ちょっと理由のわからない高揚感は凄《すさ》まじい。どうして主人公が寝ぼけて歩きまわるだけのシーンにこれほど興奮しなければならないのかさっぱりわからないが、ジェニファーが特徴的な形の瞳をゆっくりと開き、デジタルなドラム音が鳴り響いた途端、「なんかとんでもないことが起こる！」という予感に画面が満たされ、映画が妙な暴走をはじめるのだ。

……これ以上、この映画について書いてみても、ただバカボンのパパみたいに「これでいいのだ！」を繰り返すだけになりそうなのでもうやめておくが、本当はチンパンジーの「インガ」の素晴らしい名演技についても書きたいのだ。「このサルは本当にこの映画をぜんぶ理解して演技しているのではないか？」としか思えない彼の芝居には、何度となく泣かされている。しかしサルをホメはじめてしまうと、登場した蝿やウジ虫たちの演技（？）にまでいちいち称賛を送りたくなり、収集がつかなくなってしまう。

ジェニファーはもちろん、「アルジェントは変わってしまった」とこの映画を否定して去っていったダリア・ニコロディも、作品に特別な「暖かみ」を与えたドナルド・プレザンスも、観客をミスリードする意味深な校長を演じたダリア・ディ・ラザーロも、議論を呼んでしまった醜悪な殺人鬼を見事に演じたダヴィデ・マロッタも、チンパンジーの「インガ」を演じたタンガも、蜂や蝿やウジ虫たちの一匹一匹も、みんななみんな本当に素晴らしい。

「私はみんなを愛しているわ。本当よ。みんなが大好きよ……」

アルジェントを世界に知らしめた
傑作ジャッロ！

『サスペリアPART 2』
Profond Rosso

（配給：東宝東和／ソフト販売：紀伊國屋書店）
1978年（伊）／監督：ダリオ・アルジェント／
出演：デヴィッド・ヘミングス、ダリア・ニコロディ、
ガブリエレ・ラヴィアほか

これを観《み》たのは大学生のときで、それまでは本作が『サスペリア』以前に撮られたアルジェントの出世作だということすら知らなかった。

邦題をそのまま鵜《う》呑《の》みにして、本当に『サスペリア』の続編だと思っていたのだ。そもそも僕は本作を観るまではアルジェントにもそれほどの思い入れはなかったし、作品も『サスペリア』と『フェノミナ』しか観ていなかったと思う。

九〇年代の深夜、テレビで放映されたものをたまたま観て、心底驚愕《きょうがく》してしまった。まったく観たことのないものを観せられた気がしたのだ。このときが「ジャッロ」（イタリア風ミステリー）に触れた最初だったと思う。もちろん「ジャッロ」というジャンル独特のタッチの新鮮さにも驚いたが、やはりアルジェントならではの異様な感覚にめまいがしたのだ。

全シーンがまさにアルジェント的としかいいようのないケレン味に満ちていて、退屈な瞬間が一秒もない。推理劇の発端が「超能力者」の透視能力……なんて、そんな映画がほかにあるだろうか？「ガラスを一枚隔てた向こう側で起きる殺人を見てしまう」という、アルジェントが何度も好んで使うシチュエーションの悪夢的映像にも息が詰まるし、唯一無二のあのトリック、というか、あまりに馬鹿馬鹿しくて誰もやろうとしなかったほどに単純で、単純だからこそ、わかったときには全身に鳥肌が立つようなトリックには、もう唖然《あぜん》とするほかない。謎解きのための物語のその「謎」は、実は主人公にも観客にも最初から「見えていた」……ということが発覚するあの冗談のようなラストには、なぜか幽霊を見せられたかのような怖さがある。

そして、この作品が撮られた時点では、間違いなくアルジェントの「ミューズ」だったダリア・ニコロディの素晴らしさ。大失敗作とされる前作の歴史喜劇『ビッグ・ファイブ・デイ』（一九七三年。セルジオ・レオーネ作品を思わせる秀作である！）の名残りがあったからなのか、本作にはアルジェントらしからぬコメディーシーンが多く、ダリア・ニコロディのキュートなコメディエンヌぶりが堪能できる。

『サスペリア2』には、忘れられない思い出がある。一九九九年、キネカ大森で「ダリオ・アルジェント鮮血の美学」と題する特集上映が行われた。当時の僕は、出版社での仕事が終わった後、夜な夜な大森に通ってアルジェント作品を観まくっていた。ちょうどそのころ、大森駅前で通り魔事件があったのだ。詳細は覚えていないが、数人が刃物で切りつけられ、「犯人は逃走中」とのことだった。

そのニュースを知った日に、『サスペリア』と『サスペリア2』の二本立てを観たのだ。終映したときは、もう夜の一〇時過ぎ。映画館のビルの正面玄関はすでに施錠されていて、係員の案内で裏口から外に出された。当時の大森駅前はまだ店も少なく閑散としていて、人通りはほとんどなかった。おまけに、裏口から表に出たので駅までの道がわからなくなって、街灯の少ない暗い路地でしばらく道に迷ってしまった。

忍び寄る殺人者が次々に人を殺す『サスペリア2』を観た直後、本当に通り魔が潜んでいるかもしれない街をうろつくことになり、いい歳しながらかなり本気で恐怖を感じた。アルジェント的な「黒い革手袋の殺人者」の気配が、そこらじゅうに充満している気がしたのだ。

今思えば、あれはアルジェント映画を堪能するにはもっともふさわしい状況だったと思う。

「I can't speak fuckin'Japanese」

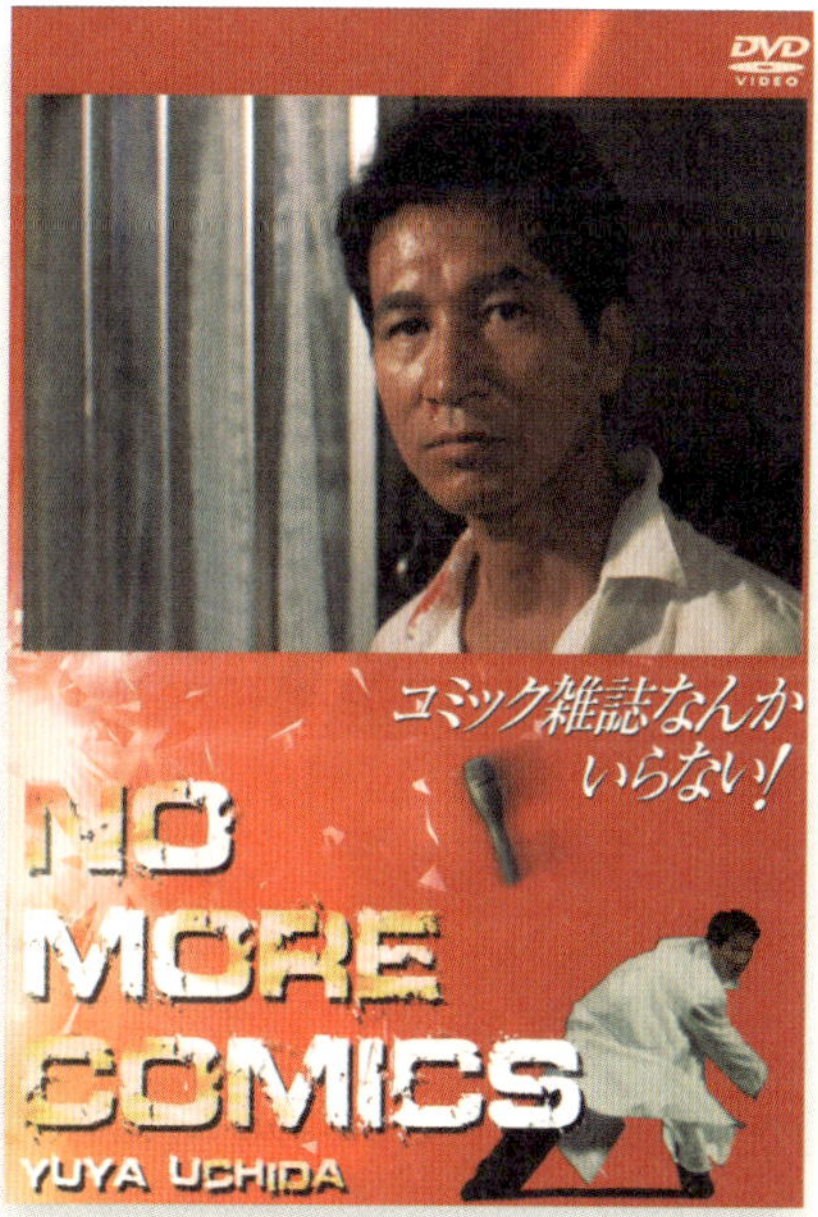

『コミック雑誌なんかいらない！』

（配給：ニュー・センチュリー・プロデューサーズ／ソフト販売：ハピネット）
1986年(日)／監督：滝田洋二郎／出演：内田裕也、渡辺えり子、麻生祐未ほか

自分が観《み》てきた映画を時系列にそって思いだし、とりあえず昭和の時代が終わるまで、つまり一九八九年ごろまでの作品についてアレコレ書いてみる……というのが一応本書の趣旨なのだが、小学生から高校生あたり、七〇年代後半から八〇年代初頭の時代に観た映画の記憶は頭

のなかにギッシリと詰まっている感じで、どの作品を取りあげてどう語るべきか、ほとほと迷ってしまうほどだったのに、それ以降、特に八五年からの数年間の思い出を探ろうとすると、なぜか見事にカラッポなのだ。

この時期にはあまり映画を観なかった……というわけではない。子どものころの何倍も観まくっていた。多感な時期が終わったから個々の作品の印象が薄い……ということでもないらしい。九〇年以降の作品になると、また好きな映画、語りたい映画が増えてくる。要するに、どうも僕は八〇年代後半の映画が好きではないらしいのである。そんなことを今まで意識したことはなかったが、確かにあのころ、新作映画を観ようと『ぴあ』を開いてズラリと並んだ作品紹介を読むと、なんだかウンザリしてしまう日々が続いていたような気がする。八五年ごろからの数年間といえば、もちろんバブルの時期だ。あのころの映画に感じていたウンザリは、そのままあの空虚な躁《そう》状態のような時代へのウンザリに重なるのかもしれない。

しかし、一応は八九年までの映画を語らないと本書は終われないので、さて、どうしよう？ユーロスペースに記録的な行列ができた『ゆきゆきて、神軍』（一九八七年）を取りあげるか、それとも時代感を回顧するならやっぱり『ＡＫＩＲＡ』（八八年）にするべきか……なんてことを考えているとき、内田裕也の訃報が届いた。

僕は内田裕也には特に思い入れはないし、ミュージシャンとしてはまったく興味は持てなかった。ただ『水のないプール』（八二年）など、彼が八〇年代に関わった数本の映画は、やはり僕ら世代には強烈な印象を残している。僕にとって内田裕也はあくまで「怪優」だ。あの「異物感」というか、映画のなかにまったく溶け込むことのできない存在感は、今観ても充分に禍々《まがまが》しい。あの時点で映画人としてのキャリアもかなり積んでいるのだから、もう少し芸達者になってもいいようなものなのだが、彼は最後まで俳優の顔にはならなかった。あるいは、なれなかった。常に部外者、門外漢であり、スクリーンのなかにいてはいけない「生身のヤバい人」でありつづけた。あの若干の狂気をはらんでブスッとふてくされた表情は、得ようとして得られるものではないだろう。一時期はビートたけしがその「異物感」を引き継いでいたと思うが、以降、ああいう役者、というか映画のなかに紛れ込んでしまった凶暴な「非役者」みたいな人は、もういないと思う。

彼の八〇年代の主演作では『十階のモスキート』(八三年)が一番好きなのだが、ここで思いだしてみたいのは、当時、鳴り物入りで公開された『コミック雑誌なんかいらない!』だ。

実際に起った事件や芸能人のスキャンダルなど、ワイドショーの時事ネタをダシに、一部のネタでは「本人」を登場させるなどして、虚実入り乱れる感じでバブル突入期のメディアの狂乱を描いた映画である。これもいわゆる「過激な八〇年代」を象徴するような無謀をウリにした映画ではあったが、「鳴り物入り」と称するのが本当にふさわしく、あまりに仕掛けくさい話題づくりがちょっと鼻につく作品でもあった。

最大の目玉は「ロス疑惑」の三浦和義の「本人役」出演。当時も賛否両論あったが、僕はなんとなくシラけてしまった。現行のＤＶＤからはカットされている御巣鷹山の日航機墜落現場のモンド映画的な扱いも、それ自体が「不謹慎」とは思わないが、正直、少し不快だった。

「時代を描く」といったお題目を掲げつつ、この映画自体がむしろバブルにはしゃぐ「お祭り」的なものに見えてしまう部分もあったし、一瞬で古くなる時事ネタを映画で扱うというアイデアも、あまりおもしろいとは思えなかった。内田裕也の凶暴な魅力も、クライマックスでビートたけしが見せるトラウマ級の「異物感」の影でかすんでしまっているような気がした。

しかし今観なおしてみると、テレビのワイドショー的な価値観に徹したゲスい見世物映画ならではの形で、やはり「あのころ」の側面が妙に生々しく記録されていることに驚く。当時は「今」を描ききれていない、表面的な「嘘っぽい現在」だけがあるように見えたのに、三〇年の時を経て眺めると、確かにあのころ、僕らはこういう日々のなかにいた……という諦念のようなものが湧いてくるのが不思議だ。

そして、やはり内田裕也は、自ら企画し、脚本も書いている本作でも、徹底して「異物」でありつづけている。彼の登場シーンには、不意に現われるフィルムの傷のような「ささくれ」の感触があって、安心して映画に身を委ねていられなくなる。こういう貴重な「ささくれ」を、日本映画は永久に失ってしまった。

異彩を放っていた痛快海賊映画。

『犬死にせしもの』

（配給：松竹／ソフト販売：KADOKAWA）
1986年（日）／監督：井筒和幸／出演：真田広之、
佐藤浩市、安田成美ほか

中学生時代、井筒和幸監督の出世作である『ガキ帝国』（一九八一年）は常にどこの映画館でもかかっていて、僕もその評判をさんざん耳にしてはいたのだが、その当時はなぜか観《み》る気にはなれなかった。続く『みゆき』（八三年）、『晴れ、ときどき殺人』（八四年）も話題になったが、あだち充と赤川次郎が大嫌いだったので、これらもパス。周囲の友人たちが「おもしろかった！」と騒いでいた『二代目はクリスチャン』（八五年）も、僕はリアルタイムでは観ていない。遅ればせながら初めて観た井筒映画が、この『犬死にせしもの』だった。「すごいっ！」と感激して夢中になったわけではなかったのだが、妙に新鮮な作品だった。想像していたような映画とはまったく違っていたのだ。

当時の日本映画の感触をものすごく乱暴に区分けすれば、広告代理店やテレビ局主導の浮足立ったお気楽映画か、古風で泥臭いおっさん映画か、インディーズ系のアングラ映画しかなかった……という印象なのだが、『犬死にせしもの』は、そのどれにも属さない「場違い」な映画だった。終戦直後の瀬戸内海を暴れまわる海賊の物語というプロットからして、当時のヌルい日本映画のなかでは「場違い」に痛快だ。スマートではないが泥臭くもなく、松竹っぽい喜劇的要素は満載なのに乾いたハードボイルドの感触があって、悲劇的だがまったく甘くなく、観た者を鼓舞する粗野なエネルギーに満ちていた。

よくいわれるように、やはりアメリカン・ニューシネマの感触に一番近いのだろうが、それが伝統的な松竹映画の雰囲気とすんなり溶け合っているのがおもしろかった。笑いあり、涙あり、そしてちょっぴりお色気ありの日本の娯楽映画の王道としてのサービスをキッチリやったうえで、その根幹にはひと昔前のニューシネマの、あのザラついてヒリヒリするような「本当っぽさ」の確かな感触がある。

しかし、僕が井筒映画に完全に打ちのめされて慌てまくったのは、『犬死にせしもの』の公開から一〇年もたってからだった。もちろん、あの『岸和田少年愚連隊 BOYS BE AMBITIOUS』（九六年）だ。よしもとの若手芸人総出演、どうせテレビのバラエティー番組ノリのチャラけた興行なんだろうとタカをくくって観てみたら、顔面に痛烈な「パッチギ」を喰《く》らわされたような衝撃を受けてしまった。僕が今まで観てきたどんな青春映画をも凌駕《りょうが》してしまう鮮烈で完璧な「青春グラフィティ」。「日本映画でこんなことができるのか？」と唖然《あぜん》とした。

今さらこの映画の魅力を僕などが語ってもしかたがないが、あの大阪弁、というか岸和田弁（？）の瞬発力に満ちた加速しつづける会話のリズムの快楽は初めて体験するもので、「いったいどういう脚本でどうやって演出しているんだろう？」と首を傾《かし》げてしまう。編集もなにやら神がかっていて、かつてのニューシネマ風タッチは影を潜め、なんだか妙にヨーロッパ映画風の感触がある。ところどころに「あっ！」と思ってしまう瞬間があり、「馬鹿か」と怒られそうなのであんまり言いたくないけど、ふいにおとずれるそういう瞬間は、ときにゴダールのようだし、ときにエリック・ロメールの映画みたいだ。本当にどうしようもないガキどものどうしようもない日々が、もしかしたら監督本人にもこのときにしか発揮できなかったほどの特別な巧みさで綴《つづ》られてゆくのを眺めていると、なにか奇跡のようなものを目のあたりにしているような気分になる。「映画ってなんだろう？」なんてことまで考えてしまうのだ。

演者のアンサンブルも素晴らしく、特に矢部浩之の芝居には度肝を抜かれた。完全に両手ぶらりの「ノーガード演技」とでもいうのか、本当にただ生身を物語に晒《さら》しているように見えるたたずまいの迫力に、「この人、頭と勘がズバ抜けていいんだなぁ！」と心底感心した。お笑いというものにはあまり興味がないので、彼にはこのまま役者になってほしい！などと思ったが、しかし、あの芝居もやはりこのときだけの特別な奇跡なのかもしれない、とも思う。

以降、本当に遅ればせながらだが、井筒映画の過去作も観まくって、新作も必ず観るようになった。デキの落差が激しい監督といわれているようだが、まぁ、それはそうなのかもしれないけど、評判が芳しくない作品にも必ず「あっ！」の瞬間があり（いや、『ゲロッパ』（〇三年）にはなかったかもしれない……）、どの作品も絶対に嫌いにはなれない。僕にとっては新作を心待ちにしてジリジリできる、数少ない監督のひとりなのだ。「なんでもいいから早く次を撮ってくれ！」と思う。事情はいろいろあるだろうし、確かに今は逆風の時代かもしれないが、深夜のテレビ通販番組などに井筒監督が出ていると、本当に絶望的な気持ちになってしまう。

あと、なかったことにされた『ガキ帝国 悪たれ戦争』（八一年）の封印が解かれるまでは、某チェーンのハンバーガーは、たとえ世界中からそれ以外の食べ物が消えて餓死の危機に瀕《ひん》したとしても、絶対に口にしないと決めている。

レオーネ西部劇の到達点。

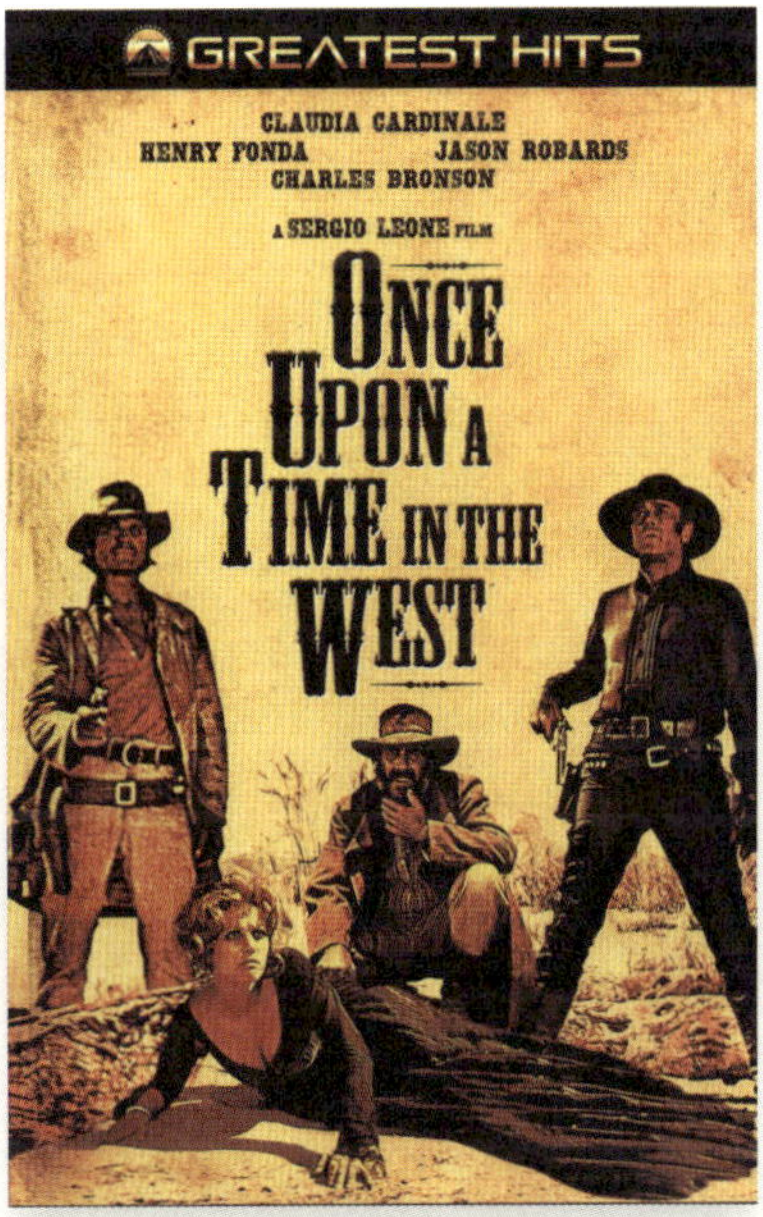

『ウエスタン』
C'era una volta il West

（配給：パラマウント映画／ソフト販売：パラマウントジャパン）
1969年（伊・米）／監督：セルジオ・レオーネ／
出演：チャールズ・ブロンソン、クラウディア・カルディナーレ、
ジェイソン・ロバーズほか

さて、紙数も尽きたので、この項で本書もおしまいである。最後は「昭和の終わり」、八八～八九年ごろの映画について思いだしてみる。

八八年には、いわゆる「シネフィル」を自認する人たちにとって「必須課題！」となった巨大な作品が二本公開された。ひとつはベルナルド・ベルトルッチの『ラストエンペラー』、もう一本がヴィム・ヴェンダースの『ベルリン・天使の詩』だ。この二本の作品は当時の文芸誌やニューアカ系の雑誌などでもよく特集が組まれた。普段は映画を語らない批評家や小説家たちまでが、まるで強迫観念にかられたようにこぞってこの二作について書き連ねていたのを覚えている。僕も「すごい、すごい！」と興奮しつつ、でもベルトルッチならやっぱり『１９００年』（一九八二年）、ヴェンダースなら『パリ、テキサス』（八五年）の方がずっと好き……と口を滑らせて周囲に白い目で見られていた。

そのほか、この年にはキューブリックの『フルメタル・ジャケット』やフェリーニの『インテルビスタ』、アニメが好調だった日本映画では『となりのトトロ』と『火垂るの墓』、そして『ＡＫＩＲＡ』などが公開された。

昭和の最終年、平成元年の八九年の話題作は、まず『ダイ・ハード』や『ブラック・レイン』。僕が非常に苦手だった『ニュー・シネマ・パラダイス』もウケまくった。リタ・ミツコがカッコよかったゴダールの『右側に気をつけろ』や、アルジェントの『オペラ座／血の喝采』、後に日本のホラーの旗手になる黒沢清の脱力ホラー『スウィートホーム』もこの年。そのほか、「たけし映画」の鮮烈なスタートとなった『その男、凶暴につき』などが公開されている。

……と、アレコレといろいろな話題があるのだが、そんなアレコレよりもはるかに決定的なことが八九年の映画界に起きている。セルジオ・レオーネの逝去だ。四月三〇日のことだった。

彼の死が衝撃的だったということではない。享年六〇歳はあまりに若いが、僕はそれほど驚かなかった。メディアでも大々的には報道されず、僕は少し遅れて彼の死を知ったのだと思う。訃報を知って「ああ、そうなのか、死んだのか……」と思って、それだけだった。なんだか少しも「死んだ」という気がしなかった。あるいは、最初から「死んでいた」という印象だったのかもしれない。ただ、ひとつの時代が過ぎていった、という不思議な感慨だけがあった。

というのも、『ワンス・アポン・ア・タイム・イン・アメリカ』（八四年）でようやくまともに扱われるようになったとはいえ、九〇年代以降に再評価されるまでは、マカロニ・ウェスタンの関係者はやはりキワモノ興行師的な扱いで、レオーネに関する話題さえも映画雑誌や映画批評本などにはほとんど掲載されなかった。情報がないのでレオーネの人物像はいつもひどく謎めいていて、しかも彼の作風のイメージもあって、僕にはなんだか神話的な人物に感じられていた。死んだり死ななかったりする「ただの人間」とは考えていなかったのだと思う。

また、彼のフィルモグラフィーはすでに完結していた。時空が歪《ゆが》んだような「インチキ西部劇」で「架空のアメリカ」を描き続け、現実に隠されている現実、僕らが生きる「二〇世紀の世界」の正体を鮮やかに、オペラ的に、神話的にさらけ出し、さらには神話性を維持したまま徐々に現実のアメリカの歴史に対峙《たいじ》し、飲み込んでいった。そのアメリカをついに見限ったかのような『ワンス・アポン・ア・タイム・イン・アメリカ』は、彼の死の以前からすでに見事に遺作じみていた。もうすべてが語り尽くされてしまっている。さらなる新作を期待するというより、ハナから「この先はない」という気がした。

僕らの世代は小学生時代から彼の映画、特にテレビで繰り返し放映された『荒野の用心棒』（六五年）と『夕陽のガンマン』（六七年）を何度も何度も目にしてきた。映画の不思議さ、映画というものが根本的に「奇妙」で「野蛮」なものであることは彼の作品を通じて実感したし、突拍子もない手段によって世界の仕組みを解体できてしまう映画の強さも、レオーネの作品から学んだと思う。

今観《み》返してみたいのは、そして僕が彼の作品のなかで一番好きなのは、「インチキ西部劇」のレオーネが現実のアメリカに、ジョン・フォードのテリトリーに乗り込んで撮った『ウエスタン』（Once Upon a Time in the West／昔々、西部のあるところで……）だ。あのラストシーンが観たい。まるで旧約聖書の一場面のような、新たに街がつくられていく、新たに時代がつくられていく、新たに世界がつくられていくなかを、女神のように歩くクラウディア・カルディナーレの後ろ姿が観たい。あれはレオーネが最後に描いた希望のエンディングだった。

これを書いているのは二〇一九年の四月一日である。テレビでは新元号が「令和」に決まったと騒いでいる。いつか今日のことを懐かしく思いだす日が来るだろうか？　Once Upon a Time in Japan……。

おわりに

こういう本の原稿を書きあげてしまった後は、いつも決まって「あの作品が入れられなかった！」とか、「やっぱりコレじゃなくてアレを入れるべきだったんじゃないか？」とか、しきりに反省したり後悔したり自己嫌悪に陥ったりするのですが、今回もそうでした。時代を象徴する大ヒット作や話題作のいくつかを、まるで「なかったこと」のように無視していたりして、ちょっと大人げないなぁ……と自分でもあきれています。

しかし、少なくとも自分が大好きだった映画、大嫌いだった映画、そして好きでも嫌いでもないけど妙に記憶に刻まれている映画については、おおかた語ることができたと思います。原稿を読みなおしてみてちょっと意外だったのは、いわゆる「青春映画」の比率が思いのほか高くなっていること。僕はホラー好きなので、本書のラインナップもホラー映画ばかりになるんじゃないかと当初は危惧していたのですが、それよりも、あまり意識していなかった「青春映画」がやけに多くなってしまいました。

文学や音楽、映画などに夢中になるのは、青春期の若者たち特有の熱病みたいなもの……という考え方は、僕は嫌いだし、明らかに間違っていると思うのですが、それでも思春期・青春期の感性にとって、映画は特別なのかもしれません。十代後半ころ、休みのたびに映画館の暗がりにこもって、自分はなにを考えていたのか？　本書は結局、そういう青春の恥ずかしいモヤモヤやイライラの回顧なのかも……という気がしています。

●著者プロフィール

はつみ・けんいち　1967年、東京生まれ。主に1960〜70年代のお菓子やおもちゃ、キッズカルチャーについての話題など、レトロな戯言をネタに活動中。主な著書に文庫『まだある。』シリーズ全9巻、単行本『まだある。大百科』『まだある。こども歳時記』『ぼくらの昭和オカルト大百科』『昭和こども図書館』(大空出版)、『昭和ちびっこ未来画報』『昭和ちびっこ怪奇画報』(青幻舎)、『小学生歳時記』(ダイヤモンド社)、『子どもの遊び 黄金時代』(光文社新書)など。

昭《しょう》和《わ》こどもゴールデン映《えい》画《が》劇《げき》場《じょう》

令和元年5月25日　初版第1刷発行
令和7年3月31日　第2刷発行

著　　者　初見健一
発 行 者　加藤玄一
発 行 所　株式会社大空出版
東京都千代田区神田神保町3-10-2　共立ビル8階　〒101-0051
電話番号　03-3221-0977
URL　https://www.ozorabunko.jp/

AD　矢﨑進
デザイン　竹鶴仁惠(装丁)、大類百世、磯崎優
校正　齊藤和彦
印刷・製本　株式会社 暁印刷

ISBN978-4-903175-84-3 C0077